清华大学附属中学语文专题学习系列丛书

水木清华

主编 张伟
副主编 刘慧 唐洁

清華大学出版社
北京

内容简介

《水木清华》是"清华大学附属中学语文专题学习系列丛书"中的一本，是极富清华附中特色的一本书，分为"阅读指津"和"阅读行动"两个篇章，"阅读行动"中包含"清华风物""清华人物""清华附中校友史铁生"三个子专题。"清华风物"从清华园自然景观切入，带领读者了解其背后的历史和蕴含的精神；"清华人物"从清华大学的大师谈起，有大师本人的作品和他人写大师的作品，从多方面介绍大师的风采；"清华附中校友史铁生"则精选当代著名作家史铁生先生的代表文章，展示其人生历程和人格魅力。本书有助于读者理解清华文化品格，传承中华民族精神。

图书在版编目(CIP)数据

水木清华/张伟主编. —北京：清华大学出版社，2019(2024.6重印)
(清华大学附属中学语文专题学习系列丛书)
ISBN 978-7-302-51485-5

Ⅰ. ①水… Ⅱ. ①张… Ⅲ. ①中学语文课－教学参考资料 Ⅳ. ①G634.303

中国版本图书馆CIP数据核字(2018)第256557号

责任编辑：赵铁华
封面设计：傅瑞学
责任校对：李 梅
责任印制：杨 艳

出版发行：清华大学出版社
网 址：https://www.tup.com.cn，https://www.wqxuetang.com
地 址：北京清华大学学研大厦A座 **邮 编**：100084
社 总 机：010-83470000 **邮 购**：010-62786544
投稿与读者服务：010-62776969，c-service@tup.tsinghua.edu.cn
质量反馈：010-62772015，zhiliang@tup.tsinghua.edu.cn
印 装 者：三河市人民印务有限公司
经 销：全国新华书店
开 本：185mm×260mm **印 张**：9.25 **字 数**：158千字
版 次：2019年8月第1版 **印 次**：2024年6月第9次印刷
定 价：38.00元

产品编号：081122-02

编 委 会

丛 书 主 编： 邱晓云

丛 书 顾 问： 王俊婷

本 册 主 编： 张　伟

本册副主编： 刘　慧　唐　洁

本 册 编 委：（按姓氏音序排列）

白沁文　陈冬梅　迟　旭　丁戊辰　龚　卉

胡　静　林　加　刘　慧　邱晓云　宋美娜

汤　莉　唐　洁　王俊婷　王丽君　王丽丽

武晓青　向东佳　徐　利　杨　玲　张　彪

张　锦　张　倩　张　伟　赵　岩　赵　燕

周若卉　周小玲

丛书序言

2017年颁布的《普通高中语文课程标准》中提出了语文课程的基本理念:坚持立德树人,增强文化自信,充分发挥语文课程的育人功能;以核心素养为本,推进语文课程深层次的改革;加强实践性,促进学生语文学习方式的转变;注重时代性,构建开放、多样、有序的语文课程。基于以上理念,我们认为,语文教育的最终目标是依托祖国语文为学生构建精神家园,培养全面发展的人。我们的语文课程,要在语言建构与运用、思维发展与提升、审美鉴赏与创造、文化传承与理解四个核心素养分支上,给学生以潜移默化的影响。在时代的新要求下,语文教学内容与教学模式的革新势在必行。

自2012年起,清华大学附属中学(以下简称“清华附中”)初中语文组开始了一场教学模式的变革——专题教学。七年琢磨,美玉渐成。我们无比珍惜这七年教学实践中的甘苦与得失,想到其中或许有值得广大读者借鉴之处,因而撮其精要,编成了这套丛书。本丛书既有丰富多样的选文,也有为初中读者量身定做的学习任务单;既可以“用眼睛来读”,作为学生课余自读的文选;也可以“用笔来读”,进入课堂。本丛书诞生的过程及基本架构如下。

清华附中初中语文组对专题教学的探索始于2012年。邱晓云老师正任教初一,她以朱自清的《背影》为主要精读篇目,汇入三毛的同题散文,另选张晓风的《母亲的羽衣》、老舍的《我的母亲》、季羡林的《赋得永久的悔》等一系列关于父母亲情的散文,设计了“我的父亲母亲”专题,在两个班级进行了教学实践,取得了良好的效果。

2013年,时任备课组组长的王丽丽老师带领初中2012级七位语文老师全员跟进,以集体智慧投入专题教学的实践中,设计并实践了“走近诗人毛泽东”“祖国民族之爱”“格物致知”“象征,象征的”等专题教学。专题教学在2012级开展两年之后,该备课组各项教学调查指标均领先于其他学科备课组,教学效果显著。

2014年,时任教研组组长的王俊婷老师邀请邱晓云老师向全组介绍专题教学设计和实施的经验,推动专题教学在初中三个年级同时开展。自此,多个专题百花齐放。我们经过反复实践,收获了八个较为成熟的专题设计,分别是“致童年”“多彩四季”“传统文化”“我的父亲母亲”“祖国民族之爱”“长征和红色经典阅读”“小说之林”和“诗歌专题”。

专题教学在清华附中,就是这样由一位老师的课堂创新,酝酿为改变整个初中语文教学模式的革新，而革新的动机，正是着眼于新形势下立德树人的要求，源自我们对提升学生学科核心素养的追求。

专题教学的特点之一在于教学内容的重构。《义务教育语文课程标准》的颁布，树立了体现时代精神的语文课程与教学的目标，标准的实施、效果的达成，都关系到“教什么”的问题。因此，要大力推行语文教学内容重构，而专题教学就是一种重构模式。

专题教学的特点之二在于它是语文教学的综合改革。伴随着内容的重构，语文课堂教学活动、课后作业设计、语文综合实践活动的开展都因此而全面变革。课堂对话的有效性，问题提出的针对性，活动设计的艺术性，知识能力和情感、态度、价值观的融合性都受到了充分关注。专题教学像杠杆一样撬动了语文教学的变革，给语文教学带来了崭新的气象。

提升学科核心素养的目标是培养全面发展的人。专题教学以其主题的鲜明性、文本组建的合理性、阅读范围的广阔性、问题探究的深入性、教学活动的生动性，全面打造优秀的学习者。七年磨一剑，我们在实践中越来越清晰地认识到，初中语文专题教学是解决传统语文教学“少、慢、差、费”的有益尝试，是语文教学深入综合改革的有力举措，是发展学生核心素养的有效途径。

专题教学也滋养着教师的专业发展。专题教学选文打破了教材藩篱，学习活动的设计力求活泼多样，更适于团队合作完成。在集体备课的过程中，资深教师以丰厚的经验引领团队，身先士卒；年轻教师则可发挥专业特长，扬长补短，释放创造活力，形成集体合力。因此，专题教学有助于促进每一位教师的专业发展，提升职业的成就感和幸福感。

清华附中初中语文组在专题教学上所做的深度开掘，建立在我们长期坚持的教学实践与研究并重的传统之上。2006 年起，时任教研组组长的高慧娟老师，牵头编写了人文类的阅读丛书，没有正式出版，供校内选修课使用。2014—2015 年，继任教研组组长的王俊婷老师带领全组老师编写了《诗风词韵》《散文名家》《古文华章》三本书，深受师生和家长的喜爱，至今还在不断重印。我们所编写的内容全部来自学生发展的实际需要，来自平时教学实践的积累，是真正由一届届师生共同创造、共同打磨出来的教学成果。从高慧娟老师主编的人文类阅读丛书到王俊婷老师主编的读本，再到邱晓云老师主编的专题学习系列丛书，在三任教研组组长的引领下，清华附中初中语文组全体老师的智慧与汗水一点点凝聚成了丰硕的果实，渐成体系。从课外到课内，从拓展视野到提升素养，我们最关心、并且持之以恒为之努力的，始终是学生的需求。

2017 年秋季，我们着手整理五年间收获的专题教学资料，进行归类、合并与增删，结合最新课程标准、部编教材和实践效果，确定了八个聚焦方向，分别是：水木清华、名著悦读、吉日追远、天地大美、至爱亲情、青史丹心、格物致知、小说大道。2018 年1 月，编写工作正式开始。仅仅一个多月的时间，八个专题读本雏形初现。为保证教学设计流畅无误并积累教学案例与学生作业，2018 年 3 月，我们组织学生试学，根据实践经验与教训，各册主编对书稿作进一步的修订。经过清华附中初中语文组全体同人的齐心努力，2018 年 5 月，书稿定稿，准备出版。

尤其让我们感动的是学生的参与热情。清华附中的同学们不但用心阅读选文、参与活动、完成任务单，更主动地对任务单提出了改进意见，其中特别富于创意的建议都被我们吸纳进了书稿中。清华附中 2012—2018 年间经历过专题学习的所有同学，都是书稿的共同创作者。有的同学高水平地完成了作业，有的同学设计了趣味性与启发性兼具的学习任务，更多的同学以听讲时全神贯注的目光、研讨时生动碰撞的思维激励着我们精益求精。

本丛书由《水木清华》《名著悦读》《吉日追远》和《文海撷英》四本分册组成，每本分册的内容架构如下图所示。

清华大学附属中学语文专题学习系列丛书
- 水木清华　清华风物/清华人物/清华附中校友史铁生
- 名著悦读　16部名著共读手册
- 吉日追远　春节/清明节/端午节/中秋节
- 文海撷英
  - 天地大美　四季异彩/万物有灵/行者无疆
  - 至爱亲情　寸草春晖/天伦情深
  - 青史丹心　长征之歌/我的祖国
  - 格物致知　辨识事物/探明事理
  - 小说大道　人物形象/故事情节/自然环境/社会环境/主题思想

《水木清华》一书是清华附中初中语文组积极开发身边教育资源的产物。清华附中紧邻清华园，我们汇集清华风物与人物，编成此书，希望能成为学生追溯清华历史、领略清华精神的窗口。此书分为“阅读指津”和“阅读行动”两篇，“阅读行动”中包含三个子专题：“清华风物”“清华人物”“清华附中校友史铁生”。“清华风物”与“清华人物”分别摘选清华人文遗迹和英杰风骨的相关文章；史铁生是当代文学史上独树一帜的优秀作家，同时又是清华附中的校友，我们希望通过他的几篇代表作品，把这位扶轮问路的作家介绍给更多的初中学生。

《名著悦读》由 16 部名著的共读手册组成，分别是《朝花夕拾》《西游记》《骆驼祥子》《海底两万里》《鲁滨逊漂流记》《红星照耀中国》《昆虫记》《傅雷家书》《钢铁是怎样炼成的》《红岩》《艾青诗选》《水浒传》《三国演义》《儒林外史》《简·爱》和《论语》。这16部名著是部编教材和北京市中考说明所推荐的必读书目，我们为每一部名著编写了一套阅读任务，希望能借此同读者一起且读且思，进行创造性的阅读。

《吉日追远》可以当作一本“如何过一个有意义的传统节日”的指南书来读，内容涵盖春节、清明节、端午节和中秋节四个传统佳节。我们通过系列选文和任务设计，发掘节日中的文化意味，希望带领读者体验四季轮回中那些特殊日子的特殊意义。

《文海撷英》是五个专题的集合。“天地大美”以感受自然之美为主题，分为三个子专题：“四季异彩”选择了一组描绘四季景物的文章，“万物有灵”选择了一组在景物描绘中寄寓情志的文章，“行者无疆”选择了一组游记。“至爱亲情”以理解天伦亲情为主题，分为两个子专题：“寸草春晖”选择的是关于父母亲子之爱的诗文，“天伦情深”则选编了一组关于祖孙和兄弟手足亲情的文章。“青史丹心”以感悟爱国情怀为主题，两个子专题分别是“长征之歌”和“我的祖国”，读者既可以读到红军将士的壮志雄心，也可以读到不同时代、不同国籍人民的爱国深情。“格物致知”是科普文阅读专题，分为两个子专题：“辨识事物”中选的是一组介绍事物性状的科普文，“探明事理”则选择了一组说明事理的科普文。“小说大道”从人物形象、故事情节、自然环境、社会环境、主题思想等角度循序渐进地带领读者学会鉴赏小说。

本丛书可以根据教学进度和学生具体情况，灵活穿插在不同年级使用；如果用作自读材料，可由学习者自主掌握阅读进度，也可以与教材相关篇目搭配阅读。

本丛书四个分册中，《水木清华》《吉日追远》与《文海撷英》三个分册体例相同，如下图所示。

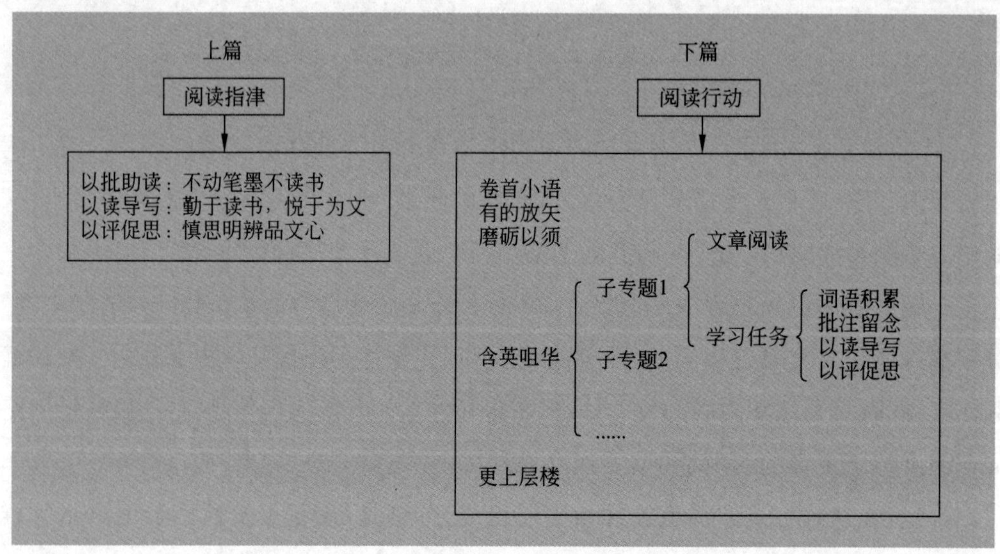

每册书分为“阅读指津”和“阅读行动”两个部分。

“阅读指津”中包含三篇指导性文章，分别是《以批助读：不动笔墨不读书》《以读导写：勤于读书，悦于为文》和《以评促思：慎思明辨品文心》。

在教学中，我们常常要求学生批注，可是效果却不尽如人意，很大程度上是因为欠缺关于批注方法的具体指导。针对学生的需求，迟旭和林加老师撰写了《以批助读：不动笔墨不读书》，具体指导学生应该如何进行阅读批注，其中既有概念的讲解，也有批注的分类和举例，相信能给学生提供一份实用的批注指津。

阅读与写作是专题教学的两翼，二者相辅相成，阅读能够提升写作的品格，而写作可以延展阅读的边界。本丛书强调读与写的结合，唐洁老师的《以读导写：勤于读书，悦于为文》广征博引，论述了阅读与写作相伴而行的意义，并进一步指出写作可以由模仿借鉴走向个性创造。

本丛书在写作训练上采取记叙与议论并重的策略，要求学生把阅读收获整理成文，学会写简单的文学评论，这样的训练对培养逻辑思维、批判性思维大有裨益。丁戊辰老师撰写了《以评促思：慎思明辨品文心》，讲解文学评论必要的要素和构思方法，相信会对学生试水文学评论有所帮助。

“阅读行动”部分是每一册书的主体。

第一部分“卷首小语”，是对本册内容的简介，它像一扇小小的窗，引导学习者窥见满园景致的一角，引人探胜。

第二部分“有的放矢”，简明扼要地列举了学习目标，使学习者一目了然，学完之后可以回头对照，对学习效果进行测试和评价。

第三部分“磨砺以须”，设计了1～2项任务，旨在为学习者构筑情境，导入专题；用于课堂教学时，教师亦可借此了解学情。

第四部分“含英咀华”，“英”即美文佳篇，这个部分下多包含2～3个子专题，每个子专题下又分文章阅读和学习任务两个分支。每个子专题的学习任务均有4项。需要说明的是，本部分选文全部根据权威出版社出版的版本做了精准的校对，一些字词的用法与当代汉语使用习惯或有出入，为了尊重原文，未作修改。

第一项任务是词语积累。我们希望学习者在阅读文章的同时，把喜欢的词语摘抄下来，扩充词汇量。书中还特意设计了田字格，希望学习者能够工整规范地书写汉字。

第二项任务是批注留念。我们为批注留出专门的空白区域，希望能帮助学习者养成用心阅读、随手批注的良好习惯。

第三项任务是以读导写。这项任务旨在引导学习者把阅读经验转化为写作实践经验，具体任务类型有仿写、改写、续写等。

第四项任务是以评促思。这项任务要求学习者整理阅读收获，学写评论文章，提升研究能力。

当学完所有的子专题后，学习者就可以借“更上层楼”对本专题的学习收获进行一场“汇报演出”。“更上层楼”从阅读理解、文章写作和综合实践三个方面引导学习者总结学习成效。阅读理解、文章写作旨在借专题之东风，适当做一些应试的训练；综合实践打通学科分界，倡导团队合作，最终完成提升语文核心素养的任务。

《名著悦读》分册仍由“阅读指津”和“阅读行动”两部分组成。不同的是，“阅读行动”部分是16部名著的共读手册。每一份共读手册中设有导读小语、故事驿站、人物画廊、探情索意、精读深思、援疑质理、他山之石、百花齐放八个栏目，分别从了解作者与背景、梳理与概括内容、分析与感悟人物形象、探讨作者情感与态度、片段精读、提出疑问、资料查阅、自主探究等方面引导学习者进行深度阅读。

本丛书是清华附中初中语文组对过往专题教学成果的阶段性总结，也是今后教师们进一步探索的基础。这套丛书可以作为教师组织教学的有效依托，也可以提供给学生作为课外阅读用书；教师可以参考它设计教学，更可以另辟蹊径，在专题教学这座宝矿中开掘自己的宝藏。

本丛书的诞生，离不开清华附中校领导的支持和关怀，离不开语文教育学界多位专家学者的引领，离不开清华大学出版社编辑老师们的辛勤劳动，更离不开清华附中教师团队一代代薪火相传的钻研精神，离不开语文教研组团结一心、朴实奉献的组风。我们在此表达最诚挚的感谢！

最后，希望阅读至此的你，已经迫不及待要随我们开始一段奇妙的语文之旅；祝愿我们的丛书，能够成为你漫长阅读生涯中的一位知音。

清华附中初中语文组

2019年2月

前言

“水木清华”出自晋朝谢混的诗：“惠风荡繁囿，白云屯曾阿。景昃鸣禽集，水木湛清华。”从此书名即可一窥编写本书的目的：展水木之美，绽清华之韵。同时“自强不息，厚德载物”是清华大学的校训，是清华精神的内核。清华附中作为清华大学的附属中学，也以这八个字作为自己的校训，希望每一位附中学子能够树立理想，砥砺前行。本书不仅落实了课标中“教材编写要高度重视继承和弘扬中华优秀传统文化、革命文化和社会主义先进文化”的要求，更充分体现了清华附中对莘莘学子的高远期望。

本书分为“阅读指津”“阅读行动”两大部分。“阅读指津”的目的与作用见丛书序言。“阅读行动”中有“卷首小语”“有的放矢”“磨砺以须”“含英咀华”“更上层楼”五个部分。现就“含英咀华”的编写做重点介绍，其他部分的目的与作用在丛书序言中有详细介绍。

本书“含英咀华”有三个子专题，分别是“清华风物”“清华人物”和“清华附中校友史铁生”。

“清华风物”专题选择了清华大学内的二校门、校训石、郧架轩、西南联大纪念碑、水木清华五个景观。每个景观都配以相应的解说文字，后四个景观还精选了相关资料加以丰富。之所以如此编写，原因就是这些景观不仅仅是清华园的著名景点，更是清华历史的见证、清华精神的标志。

“清华人物”专题选择了梁启超、钱钟书、王国维、闻一多、邓稼先五位人物，精选了其本人的一个代表性作品，并另附他人或记叙或评价的作品。之所以如此编写，原因就是这些大师不仅仅有巨大的名气，更是清华精神之楷模、民族精神之砥柱。

“清华附中校友史铁生”专题选择了《对话四则》《我 21 岁那年》《命若琴弦》《合欢树》《老海棠树》《奶奶的星星（节选）》六个作品。之所以选择这几个作品，原因就是这些作品不仅仅是学生熟悉且适合他们的，更是史铁生心路历程的真实体现、人格精神的光辉写照。

本书在编选文章和专题分类时既充分参考了部编版教材，又关注了清华附中的个性特点和需求。在与教材的关系上，体现了课内外的有机结合，是学生课内学习的提高和扩展。例如，《秋天的怀念》是七年级第一学期第二单元所选的史铁生先生的一篇文章，本书在此基础上，补充了相关的《合欢树》等文章，便于学生全面了解史铁生及其作品。在关注校本方面，体现了清华附中的价值追求，是学生人生成长的营养和土壤。例如，在介绍梁启超先生时，既选了他脍炙人口的《少年中国说》，也选了梁实秋先生写的《记梁任公先生的一次演讲》，便于学生深刻领会其精神，从而激发自己昂扬的斗志。所以，本书可以是课上教学的教材，也可以是课下阅读的读本，师生共读，教学相长。

清华园可以说是中国悠久历史画卷中的一处绝佳风景，清熙春园是它的肇始，“自强不息，厚德载物”是它的魂魄。而汇集清华风物与人物的《水木清华》一书则是让人重溯历史、领略这处风景的一扇窗。透过它，可以看见、想见清华历史中的物、人，如此遥远，又似在眼前。不仅如此，本书对于提升学生的“语文核心素养”独具价值。

一、曲径通幽——提升学生的语言建构与运用素养

“语言建构与运用”是语文核心素养之一。在语文教学中，如何通过生动活泼的教材及教学活动培养学生准确娴熟地运用汉语言文字的能力？如何将这一语文核心素养真正落到实处？除了要下一番苦功夫，更关键的是找寻到适宜的路径，可以曲径通幽，可以揭隐显微，可以由此及彼，可以举一反三，可以触类旁通。《水木清华》一书可以说恰恰提供了这样一条路径，以学生熟悉的园子、人物为兴趣点，通过精选的美文激发学生的兴趣，在不知不觉间引领学生，提升其“语言建构与运用”素养。梁启超先生的《论君子》就是一例。你看，“清华学子，荟中西之鸿儒，集四方之俊秀，为师为友，相蹉相磨，他年遨游海外，吸收新文明，改良我社会，促进我政治，所谓君子人者，非清华学子，行将焉属?”该文不仅引经据典，诠注君子之义，而且文法精妙、语言畅达，堪称学子们学习汉语言文字的范本。值得注意的是，文中提到的“天行健，君子以自强不息”和“地势坤，君子以厚德载物”后来浓缩为清华的校训。学生由此可以知晓清华校训的由来。清华附中作为清华大学的附属中学，自然同样秉承这一校训，同样肩负传承发扬清华精神的光荣使命。说到熟悉的人物，史铁生也是不能遗漏的一个。作为当代重要作家，他用“心魂书写”，“在心魂的引诱下写作”。关于写作，他说，“心魂，你并不全都熟悉，她带着世界全部的消息，使生命之树常青，使崭新的语言生长，是所有的流派、理论、主义都想要接近却总遥遥不可接近的神明。”《我与地坛》便是“心魂书写”的极致。史铁生的“心魂书写”之法是指引学生建构与运用语言的灯塔。用心魂书写的语言才有常青的生命力。不仅如此，史铁生身上还体现了清华精神的内质，因而备受

敬仰,他的文章、他的精神都是学生们学习的楷模。

语文教学最为基本的内容就是引导学生对语言的建构与运用。如何提升学生的"语言建构与运用"素养,就是取法上述这些熟悉的大家、熟悉的美文,引导学生在阅读中掌握语言运用的规律,以形成自己的语言特色和能力。

二、思考的世界——发展学生的思维能力

"语言建构与运用"素养离不开学生思维的发展与提升,因此在语文学习实践中如何通过阅读来发展和提升学生的思维能力和思维品质是重点,也是难点。《水木清华》一书对此进行了有益的探索,通过对精选文章的阅读来激发和唤醒学生的思维能力,将思维科学的研究成果有效地、巧妙地应用于教学中。简而言之,就是通过文字阅读让学生主动去思考,不仅思考如何为文,更要思考如何做人,具体而言,如何向梁启超、王国维等先贤学习写文章;如何像邓稼先等前辈那样做"清华人"。苏联著名教育学家苏霍姆林斯基说过:"让学生生活在思考的世界里。"因此提升思维能力和品质的关键在于激发学生的思维主动性,让学生乐于思考,而这就需要一种吸引力,无他也,就是文字,《水木清华》一书精选的文章就有这种吸引力。《少年中国说》《人间词话》等美文是激励学生在赏鉴的同时思考:我如何能写出如此文章?《邓稼先》则鼓励学生思考:如何做一个像他那样具有无私精神而又对国家有巨大贡献的人?当然,这两者不能截然分开。好的文章、好的教学,就应该有这样的吸引力,让学生在阅读中、在感动中陷入"思考的世界"。

三、美的启迪——培养学生的审美鉴赏与创造能力

"审美鉴赏与创造"素养就是要培养学生在语文学习活动中体验、欣赏、评价、表现和创造美的能力及品质,而要培养这一素养首要的就是让学生接触古今美文。通过阅读,学生自觉地沉浸在美的世界里,进而唤醒精神世界,去感受、去鉴赏、去创造。《水木清华》一书通过"清华"这一切入点,精选了与之相关的美文,这些文章对提高学生的审美能力和创造能力大有裨益。冯友兰先生的《西南联大纪念碑》碑文不仅讲述了西南联大的历史,也是令人击节的美文,一种虽历经坎坷却百折不挠的壮阔之美:"痛南渡,辞官阙。驻衡湘,又离别。更长征,经峣嵲。望中原,遍洒血。抵绝徼,继讲说。诗书丧,犹有舌。尽笳吹,情弥切。千秋耻,终已雪。见倭寇,如烟灭。起朔北,迄南越。视金瓯,已无缺。"王国维先生的《人间词话》也给人美的启迪,自不必多说。这些先贤

的美文能够让学生在阅读中了解美的知识、技法，在阅读中获得美的体验，感知美的存在，提升自己的鉴赏力，从而产生去表现、创造美的冲动，这就是语文教学要达到的一种理想境界。

四、文以载道——增进学生的文化传承与理解

“文化传承与理解”是指学生在语文学习的过程中，继承中华优秀传统文化，增强文化自觉、自信。那么什么是中华优秀传统文化？就是中华民族创造的物质和精神文化的精华。何为传承？就是传授与继承。通过什么来传承？一言以蔽之，文以载道，传道授业，即通过选择与学生相宜、反映中华优秀传统文化的精华文章来让学生触摸传统文化的脉搏，倾听传统文化的声音，了解中华优秀传统文化，进而传承传统文化。这一点，《水木清华》一书进行了有益的尝试。书中的“清华风物”“清华人物”无一不是中华优秀传统文化的精华和杰出代表，这些人物所体现的清华精神，就像一颗水滴，折射出我们民族精神的光辉。因此，无论是否身在清华，清华精神都值得传承与发扬。

读此书，不仅可以让学生在文图间一览清华历史的风貌，而且面对那些人、那些物，学生睹物思人，知人论世，升华精神，砥砺斗志，进而更好地理解与传承清华品格和中华优秀传统文化，并增强文化自觉和自信。

清华附中初中语文组

2019 年 2 月

目录

上篇
阅读指津

以批助读：不动笔墨不读书

同学们，当你翻开这套丛书，你将看到意趣交叠的旧时光，看到温暖感人的融融亲情，看到壮阔秀丽的祖国山河，看到……你开始思考，你想要表达，你迫切地想和这些名篇交流，像与故友重逢般谈叙，又像新逢知己一样炽烈。如何更好地与这套丛书交流？给大家推荐一种读书方法——批注阅读。

一、批注是什么？

所谓“批注”，由“批”和“注”构成。“批”即批语，多指用文字判定是非、优劣；“注”即注释，多指用文字来解释字句。批注既可以作为动词，指写批语和作解释两个动作；又可以当名词用，指写下的批语和解释的文字。

批注作为一种评价文学作品的方法古已有之，究其渊源当与评点有关。评点最初主要见于诗文，唐宋以后开始见于小说。在明末评点家金圣叹的推动下，评点发展成了一种独特的文学批评形式。金圣叹评点《水浒传》《西厢记》时，有诸多关于小说情节、结构和人物塑造等的观点，这些散落的观点集合起来，便是他有关文学创作的理论体系。可见，评点是古人表达观点态度和学术研究的阵地。其实，批注不仅仅是评点家们批评文学的法宝，也是我们每个学习者读书和进取的一种好方法。读文章时，标点、字、词、短语、句子、段落、图表，文章中的所有内容都是可以批注的范围；文章的结构、内容、主旨、写作手法、语言特色等都是可以批注的角度。

二、怎样做批注？

那么应该怎样做批注呢？完整做批注的步骤应当至少包括三步：确定批注对象；

起准批注位置；撰写批注内容。

确定批注对象就是要弄清楚自己想要批注什么。这里确定批注对象可以使用圈点标记的方法，利用诸如圆圈、三角号、点号、横线、波浪线、数字番号等符号标记批注对象，起到提示内容、引起重视的作用。在日常阅读中，同学们可以根据自己的阅读习惯，设计一组圈点符号，用不同的符号代表不同的提示。

圈点完批注对象后，要在文章或书本中选择合适的位置撰写批注内容。批注位置可以在文段两旁，叫作“旁批”；可以在文章上方页眉处批注，叫作“眉批”；也可以在文段之间空白处批注，叫作“夹批”；还可以在文章结尾空白处批注，叫作“尾批”。如何选择合适的位置？一般来说，首先考虑就近原则，即在距离确定的批注对象最近的空白处完成批注。但当空白处不足时，则可以适当改变位置，或者是补添纸张人为创造空白。此外，眉批和尾批往往还会有“总评”的性质。

撰写批注内容则是这部分的核心。我们可以把批注的内容分为五类：注解式批注、质疑式批注、品评式批注、感发式批注、补充式批注。

注解式批注是指阅读者对原文进行注音、释义，比如添加拼音、字词解释（包括字词基本含义解释和专有名词解释等）。注解式批注有助于阅读者复习和运用旧知识解决问题，也可以成为阅读者主动积累新知、解决问题的一种方式，其核心作用在于知识积累和简单运用。

示例中，袁行霈先生评点时提及“这‘折柳’二字既指曲名，又不仅指曲名。折柳代表一种习俗……”，这是对“折柳”一词的解释，然后才有进一步的分析。注解式批注是进行批注活动时常用的方法，也往往为品评式批注奠定基础。

【示例】

原　　文	批　　注
谁家玉笛暗飞声， 散入春风满洛城。 此夜曲中闻折柳， 何人不起故园情。 ——李白《春夜洛城闻笛》	第三句的修辞很讲究，不说听了一支折柳曲，而说在乐曲中听到了折柳。这“折柳”二字既指曲名，又不仅指曲名。折柳代表一种习俗、一个场景、一种情绪，折柳几乎就是离别的同义语。 ——袁行霈

质疑式批注是指阅读者对批注对象产生了疑惑，比如，可以是对某个字词的基本意思、读音的疑惑，也可以是对某个句子意义内涵的疑惑，还可以是对某段话或整篇文章内容、情感、手法、结构等方面的疑惑。

示例中的批注是针对《卖油翁》这篇文章的整体内容和主旨提出的质疑，这个质疑有助于进一步探讨文章的内涵。在日常阅读中，阅读者需要在确定好批注对象后，立即把疑惑记下来。质疑式批注是一种很好的批注方法，有助于促进阅读者边阅读边思考，提高阅读效率和质量。

【示例】

原　文	批　注
康肃问曰："汝亦知射乎？吾射不亦精乎？"翁曰："无他，但手熟尔。"康肃忿然曰："尔安敢轻吾射！"翁曰："以我酌油知之。"乃取一葫芦置于地，以钱覆其口，徐以杓酌油沥之，自钱孔入，而钱不湿。因曰："我亦无他，惟手熟尔。"康肃笑而遣之。 ——节选自欧阳修《卖油翁》	高超的箭法真的能等同于往葫芦里灌油吗？ ——节选自《义务教育教科书语文》七年级下册

品评式批注是指对批注对象进行品味和评价。品味是指对批注对象进行赏析，例如，从结构角度品味批注对象，需要分析这些句段里如何体现文章结构、层次和顺序；从写作手法角度品味批注对象，就需要分析它的表达方式、修辞手法和写作手法，并分析这么用好与不好。评价则是阅读者对批注对象的看法、观点和疑惑，例如可以评价文章的情感、意义等。

在日常运用中，阅读者一定要选择批注的角度来进行品评，这样才能有下笔撰写的方向。比如，示例中孙绍振老师从写作手法的角度抓住原文"偷偷地"等关键词，品评了句子的内涵和其中包含的情感。品评式批注是最常见的批注法，是阅读者赏析和评价文章、语段的重要方法，是锻炼和提升文学鉴赏与批评水平的重要途径。

【示例】

原　文	批　注
小草偷偷地从土里钻出来，嫩嫩的，绿绿的。 ——节选自朱自清《春》	在他的笔下，草是"偷偷地"从土里"钻"出来的。这个"偷偷地"是一个关键词，这里表现的不仅仅是草一下子冒出来，而且是一种突然的发现：没有注意，一下子就长出来了。这三个字透露出一种无言的喜悦。 ——节选自孙绍振《名作细读：微观分析个案研究》

在阅读完一个语段之后，阅读者在理解语段的基础上产生了感悟与启发，并通过

批注的方式写下来，就是感发式批注。感发式批注包括两个层面：一个是认识层面；另一个是行动层面。认识层面是指阅读者阅读完语段后，认识到了一些道理，获得了感悟和启发，然后写下这些认识。行动层面是指阅读者阅读完语段后，认识和学习到了一些方法，想要把这些方法实践到自我的生活中，并撰写行动计划。

感发式批注不再是以品评者的视角去分析一句话、一篇文的内容、情感、手法等，而是强调读完之后对读者来说有何思想体会，或者对读者的现实生活有什么指导意义。这是读者与作品进行深层沟通的一种途径。正如示例所示，王国维通过读这些诗句，想到的是人生大事，关乎成大事业、大学问的事，而不再是诗词本身的内涵。这就启示同学们，感发式批注除了写情感认识层面的思想体会，还可以学习文中的方法和经验，并尝试用这些经验来影响、改变自己的学习和生活，让阅读进入自己的日常真实生活。

【示例】

原　　文	批　　注
昨夜西风凋碧树。独上高楼，望尽天涯路。 ——节选自晏殊《蝶恋花》 衣带渐宽终不悔，为伊消得人憔悴。 ——节选自柳永《蝶恋花》 众里寻他千百度，蓦然回首，那人却在灯火阑珊处。 ——节选自辛弃疾《青玉案》	古今之成大事业、大学问者，必经过三种之境界。“昨夜西风凋碧树。独上高楼，望尽天涯路”，此第一境也。“衣带渐宽终不悔，为伊消得人憔悴”，此第二境也。“众里寻他千百度，蓦然回首，那人却在灯火阑珊处”，此第三境也。此等语皆非大词人不能道。然遽以此意解释诸词，恐为晏欧诸公所不许也。 ——节选自王国维《人间词话》

补充式批注是在理解批注对象的基础上，阅读者产生了联想、想象，想对原文的内容进行一些补充，这种补充形式可以是文字的、图像的，还可以是图示的。常见的补充式批注是续写文章或扩写句子、段落。当然，利用图像法给人物描写、环境描写的段落补充一个直观的画面，利用图表对一堆繁杂的数据进行直观化呈现，利用思维导图对一系列烦琐的步骤进行清晰呈现，这些都是补充式批注的具体内容，是阅读者个性、创造性的体现，也是阅读者文段理解的一种表达。

【示例】

话说前《水浒》中，宋江等一百单八人，原是锁伏之魔，只因国运当然，一时误走，以致群雄横聚；后因归顺，遂奉旨征服大辽，剿平河北田虎、淮西王庆、江南方腊。此时道君贤明,虽不重用,令其老死沟壑,也可消释。无奈蔡京、童贯、高俅、杨戬用事,忌妒功臣。或明明献谗,或暗暗矫旨,或改赐药酒,或私下水银,将宋江、卢俊义两个大头目,俱一时害死。宋江服毒,自知不免,却虑李逵闻信,定然不服,又要生事,以伤其归顺忠义之名。因而召至楚州,亦暗以药酒饮之,使其同死;继而吴用、花荣亲来探望,见宋江死于非命,不胜悲痛,欲要再作风波,而蛇已无头,大势尽失,死灰不能复燃,遂同缢于蓼儿洼坟树之上。一时梁山好汉闻此凶信,俱各惊骇,不能自安;虽未曾尽遭其毒手,然惊惊恐恐,不多时早尽皆同毙矣。唯燕青一人,心灵性巧,屡屡劝宋、卢二头领全身远害,二头领不以为然。燕青因藏赦书,并金银财物,悄悄遁去,隐姓埋名,到各处遨游,十分快乐。

一日,忽重游到梁山水浒,见金沙滩边,寂寂寥寥,唯有渔樵出入;忠义堂上,荒荒凉凉,只存砧毁遗迹。回想当时弟兄啸聚,何等威风,今一旦萧条至此,不胜叹息了半晌。因又想到,若论改邪归正,去狼虎之猖狂,守衣冠之澹薄,亦未尝不是;但恐落奸人圈套,徒苦徒劳,而终不免,则此心何以能甘,此气何以能平!低徊了半晌,忽又想到,此皆我之过虑耳。一个朝廷诏旨,赫赫煌煌,明降招安,各加职任,地方为官,治政理民。奸臣纵恶,亦不敢有异。就是宋公明哥哥与主人卢俊义,亦要算做当今之豪杰。我苦苦劝他隐去,决不肯听从者,亦必看得无患耳。我今不放心者,真可谓过虑。想罢才去东西闲玩。虽说闲玩,然荆榛满地,只觉凄凉,无兴久留。因又渡过金沙滩来。

——【明】青莲室主人《后水浒》

《第一回　燕小乙访旧事暗伤心　罗真人指新魔重出世》

总的来说,批注是一种沿袭已久、方法明确、行之有效的读书方法。当然,批注也仅仅是万千读书法中的一种,它是重要的,但并不是唯一的。希望各位同学在阅读或学习这套丛书的时候,能积极运用批注读书法,收获自己的阅读体验,书写自己的阅读人生。让批注促进你的阅读,让阅读陪伴你的人生。

以读导写：勤于读书，悦于为文

语文学习有两件大事：阅读与写作。同学们有没有想过二者有怎样的联系呢？元人程端礼对此有一段精辟的比喻：“读书如销铜，聚铜入炉，大鞲扇之，不销不止，极用费力。作文如铸器，铜既销矣，随模铸器，一冶即成，只要识模，全不费力。所谓劳于读书，逸于作文者，此也。”也就是说，勤于读书能够使写作变得轻松自然。的确，我们在写作中遇到的诸多问题，极有可能与我们读书的习惯和方法息息相关。

清人唐彪有言曰：“腹空之至，将以何物撰成文艺。”读书首先能够帮助我们解决写什么的问题。无论是知识的增长，还是情操的陶冶，抑或是为人处世之道、修身立德之格无一不靠读书而来。单篇文章、单元连缀，传统的教材组合方式容易让同学们对读书产生误解——读书就是读语文书以及读语文书上要求读的书。鲁迅先生说：“爱看书的青年，大可看看本分以外的书，即课外的书，不要只将课内的书抱住。”清华附中初中语文组专题教学的突破性尝试，就是想告诉同学们，阅读的天地无限宏阔。读书既是在有字之书里涵咏古今，又是在无字之书中认识世界，终而丰富自我，润泽心灵。而作为一种自我表达的写作，也就在这个阅读的过程中，配合着那不得不发之情、不抒不快之意，成为一种自我成长的必然。书本中的世界扩大了我们的生活空间，丰富了我们的心灵空间。作家毛姆曾从惠特曼的诗里得到启悟：“诗歌不一定非要诞生于月光中，断壁残垣之上或者相思成疾的少女的愁苦中，诗歌也可以诞生于街坊中、火车上、汽船里，以及工匠辛勤的劳动中，还有农妇平凡的辛劳中，存在于生活中的时时刻刻。简而言之，诗歌存在于生活的每个角落。”阅读促使我们理解生活，感受爱意，认识真情；写作帮助我们提炼生活，珍藏记忆，铭刻美好。

“能读千赋，则能为之”，读书还可以帮助我们解决怎么写的问题。叶圣陶先生曾经说过："阅读是吸收，写作是倾吐，倾吐能否合乎法度，显然与吸收有密切的关系。"那么如何从阅读中汲取写作的养分，从哪些方面促进我们更好地写作，也是语文学习中需要解决的问题。《辞海》中在解释"模仿"时这样写道："从文学的角度看，人在掌握语言和各种技能的过程中，以及艺术学习的最初阶段，都要借助于模仿。自觉地效仿先进的榜样，作为进一步发挥创造性的基础。"一般来说，写作的起步常常依赖于模仿。李白"我欲因之梦吴越，一夜飞渡镜湖月"的奇诡想象到毛泽东主席笔下化作"我欲因之梦寥廓，芙蓉国里尽朝晖"的豪迈气象，清代小说大家曹雪芹的《红楼梦》中也屡屡可见明代戏曲《牡丹亭》的影子。诺贝尔文学奖获得者马尔克斯常说："学习写作总归要以前贤为楷模。"借鉴与模仿可谓是我们由读到写的起步之法，语言、结构、取材、立意无一不可仿而学之。

然而，起步并非止步，模仿虽可入门，但并非不二法门。语贵在新，文贵由己，写出个性也就意味着要读出个性，读出自我的独特体验。其中必须要调动的就是思考与想象。在阅读中发现问题、分析问题、解决问题，能让我们跳出人云亦云的藩篱，站在巨人的肩膀上，成就更好的自我。北京大学中文系教授曹文轩说："这世界上的许多写书人，不仅仅是将自己所具有的特别经验复述于人，还在于他们常仰望星空，利用自己的幻造能力，在企图创造新的知识，以引发新的经验。你得知了这些知识，它们就会在不知不觉之中引导你进行新的实践。它们能使你在面对许多从前司空见惯的事情时忽然发现了新意，甚至干脆让你发现许多事情——这些事情在未得知这些知识的预设之前，虽与你朝夕相处，你却毫无觉察。"老舍先生谈自己的读书经验时，认为自己收益最大的西方文学作品是但丁的《神曲》。这样一部上入天堂、下达地狱、包罗万象的作品启发老舍先生思考文艺创造的方法，体会肉体与灵魂的关系，从而引领老舍先生勇于冒险、不怕碰壁的创作实践。老舍作品中浓郁的京味儿，形象鲜明、千姿百态的市民王国，活泼幽默、睿智灵动的语言，无一不是其个性的彰显。

同学们，本册书每一个子专题都有"以读导写"任务，希望你能在这项写作中把阅读营养运用进去。在最后的"文章写作"板块中有写作指导文章《如何选材》，具体讲解了读书和写作之间互相促进的关系，希望可以帮助大家提高写作水平。

阅读不必然为了写作，写作亦不必然因为阅读。但是阅读与写作，都必然与我们成为怎样的人密切相关。阅读是心灵的滋养，写作是灵魂的飞扬，阅读与写作相得益彰，相伴相生，塑造我们的人格，涵养我们的性灵。希望同学们勤于读书，悦于为文，在提升语文素养的同时，拓展视野，提升格局，构筑自我的精神家园。

以评促思：慎思明辨品文心

读完一篇文章或一本书，我们或多或少总会有些感受。把这些感受写下来，就是文学评论。文学评论内容很广泛，可以鉴赏遣词造句，可以针对谋篇布局，可以探讨思想主题；态度上可以褒奖，可以批判，可以中立。写文学评论可以让我们更全面、更深入地理解文本。写评论可以帮助我们整理阅读思路，方便我们完善阅读策略，指导我们更好地进行写作。说了这么多，那么评论到底应该怎样写呢？

一、亮观点，摆证据，讲条理，抓重点

文学评论一定要有一个明确的观点。观点是评论的核心，明确了观点，评论就有了方向。在写评论的时候，不妨直接先把自己的观点、态度明确地写出来再展开论述。光有观点当然还不够，还需要有支撑观点的证据。大家可以在读文章的过程中边读边画，把觉得可以证明自己观点的地方画下来，在写评论的时候就可以用原文加引号的方式引用，这种方法叫作引述。此外，也可以在读懂文章的基础上，针对需要证明的观点，对文章内容进行概括，这种方法叫作概述。无论是引述还是概述的内容，都是评论时必不可少的证据。有了证据，我们的评论才能做到“有理有据，令人信服”。

文章读毕，各种想法和感受往往一齐涌上心头，在落笔写评论之前，一定要先理清思路，再按条理写评论。我们可以先从词句入手，到结构，再评论主题；也可以读到某个部分，记录下自己的感受，进一步阅读，再记录新增的感受；或者先写最表层的感受，再写更深入的感受；或者先写从文本所得，再写联想到的文本之外的感受……写作的顺序多种多样，但一定要有条理。评论文章没有必要面面俱到，只要抓住其中某一个角度重点展开就可以了，这个角度可以是阅读时体会最深的一点，可以是作者着力最

多的一点，也可以是读者觉得最需要探讨的一点、最为有趣的一点，等等。抓住重点展开可以把评论写得更细致、充分。

下面我们来看一篇例子。

评论语段	分析讲解
鲜灵的诗　流动的画 古往今来，多少文人墨客描写过风光旖旎的春天，抒发过对春天无比的热爱和赞美。但是，像朱自清这样，“把一个完整的春天形象推到读者的眼前，就像一幅长卷风景画，而且这画是流动的、鲜灵的”还是少见的。作家先是宏观勾勒，“一切都像刚睡醒的样子，欣欣然张开了眼”总写春回大地、万物苏醒的神态，接着又分别从山醒、水醒、太阳醒三方面去写。山醒用了“朗润”一词，水醒用了一个“涨”字，太阳醒用了“红”字，要言不烦，形神俱至。微观描绘共有五幅画面：春草图、春花图、春风图、春雨图、迎春图。一幅图，一首诗；一幅图，一轴画。诗，是鲜灵的。你看，小草，是“钻”出来的，还“嫩嫩的，绿绿的”，鲜灵吗？果树上的花，是“你不让我，我不让你”的，也是鲜灵的。春风是流动的，春雨是“密密地斜织着”的，也是流动的。至于人，“赶趟儿似的”“抖擞抖擞精神”，自不消言了。作家创作了五幅春的画面，把自己的真情融化其间，真是应了“一切景语皆情语”这句老话了，《春》这篇散文也就理所当然地成为中国现代文学史上的经典名作。 ——节选自王恒娟《鲜灵流动的春天形象——朱自清散文〈春〉赏析》（有删改）	亮明观点，朱自清笔下的春天是一幅流动、鲜灵的长卷风景画。 引述原文语句，用“睡醒”来描写春回大地，突出了春天活动、鲜灵的特点。 概述文章内容，五幅春的图画，从不同方面描绘春景，共同构成了一幅长卷风景画。 总结，作者笔下鲜灵、流动的春天也是作者内心的写照。

上面一段评论，在开头先亮明自己的观点，认为《春》中的描写是流动、鲜灵的风景画。后面结合朱自清文中流动、鲜明的语句进行了引用赏析，也对全文图画式展开的结构进行了概括评论，就是我们前面提到的“证据”。再来看结构，评论开头先点出了整体的观点，在下文分条概述展开，最后再加以总结，采用了总分总的结构，逻辑严谨。在评论过程中主要分析了朱自清充满活力的清新文笔，对结构安排的分析要言不烦。

观点明确，证据充分，条理清晰，重点突出，是写评论文章必备的基本素质。

二、需知人，能论世，作比较，会迁移

文学作品不是凭空出现的，而是由作家写就的。文学评论不能仅仅关注文本本身，更要关注写出作品的作者。作者不同，作品的风格便大有不同。豪放派与婉约派、

现实主义与浪漫主义……作家所处的时代、地域也与作品的风格关系密切。先秦古朴，魏晋风流，盛唐气象……结合作家所处时代与作家生平经历，可以让评论内容更加饱满丰富。

另外，我们也可以把同一作家不同时期的作品拿到一起来评论，这样便可以看出作家本人风格形成的轨迹；也可以把同一时期不同作家的作品放在一起进行比较阅读，这样可以看出某位作家不同于常人的独特气质；我们甚至还可以把风格、内容、手法等任何有相似点的作品放在一起进行比较阅读，发现某一类文章共有的特性。之后我们还可以利用这样的共性特征，去迁移阅读同类文本。

下面我们来看一篇例子。

评论语段	分析讲解
《江南逢李龟年》作于大历五年(770年)，此时距离杜甫在长安初逢李龟年已近五十年，对于“人生七十古来稀”的唐人来说，如此长久的一段时间足以令人感慨万千。况且在这段时间里，国家和社会发生了天翻地覆的变化，个人的命运也发生了惊心动魄的变化，这会给诗人带来何等深重的沧桑之感！	写杜甫个人的经历，说明他在写诗的时候内心波澜起伏。
……《观公孙大娘弟子舞剑器行》中说：“五十年间似反掌，风尘澒洞昏王室。梨园弟子散如烟，女乐馀姿映寒日。金粟堆南木已拱，瞿唐石城草萧瑟。”这五十年可不是太平无事的五十年，而是包括安史之乱在内的五十年……公孙的潇洒舞姿，李龟年的美妙歌声，本是开元盛世的一种象征，是繁华长安的一种点缀，如今诗人竟在远离长安的地方得以重见重闻，怎能不使他心潮澎湃！	引用杜甫的其他诗歌作比较，写出了杜甫对比现实，想起过去盛世时内心的失落。
然而江南又是远离京师的地方，对于名动京师的歌手李龟年而言，他最好的人生舞台当然是在长安。对于胸怀大志的杜甫而言，他得以实现报国宏图的人生舞台也应是长安。然而现在两人却在江南相逢了，他们是被命运抛到这遥远的异乡来的，江南相逢肯定会使他们产生暮年流离的感受。	写社会和时代对于杜甫作诗的影响。
相逢的时节正是落花纷飞的暮春，此时此地，斯人斯景，诗人心中该有多少感慨！正如近人俞陛云所评：“此诗多少盛衰之感，千万语无从说起，皆于‘又逢君’三字之中，蕴无穷酸泪。”(《诗境浅说》续编) ——节选自莫砺锋《余音绕梁的〈江南逢李龟年〉》(有删改)	运用其他人的品读，迁移协助评论，点出杜甫与故人重逢时内心的复杂感受。

上面对《江南逢李龟年》一诗的评论，不仅结合了杜甫的生平，也对杜甫当时所处的时代背景进行了分析。在唐朝由盛转衰的过程中，诗人与乐师一起经历了沧桑巨变，辗转再次在远离都城的江南重逢，想起当年的盛景，难免有黍离之悲。对比

杜甫另外的作品《观公孙大娘弟子舞剑器行》，也更能够突出杜甫内心的无奈与悲凉。

了解作者，结合时代，比较阅读，迁移运用，是拓展评论文章深度与广度的有效方法。

三、动真心，找角度，敢批判，有文采

阅读本身是一项非常个性化的文学活动，每个人在读完文学作品后，都会有自己独有的感受。把自己独有的感受写出来，评论会更加凸显个性；表达自己内心真正所想，评论才更能够打动人心。选择自己熟悉的角度，从个人经验出发，往往能够看到别人看不到的问题。如在读《三国演义》的时候，历史迷会更多地注意到其中与史实不符的演义成分，军事迷会从战争过程解读文本，喜欢传统戏剧的人可以从戏剧中的三国形象入手评论……百家争鸣，百花齐放。

写评论也要带有批判的眼光。文学作品受到作者个人和所处时代的局限，我们在阅读作品时也可以有多角度不同的解读。历来人们对《论语》中“民可使由之，不可使知之”一句的解读就有不同，封建统治者用这句话作为实行愚民政策的依据，革命者却把这句话当作广开民智的批判靶子。我们在写作评论时也要有批判的精神，敢于读出新意。

在简明、连贯、得体的基础上，评论还要有独特的语言风格，或严谨缜密，或激情澎湃，或娓娓道来，或风趣幽默……嬉笑怒骂，皆成文章。找到了自己擅长的风格，就能够把评论写得更加吸引人，毕竟只有大家爱读你的评论，你的观点才能够被大家所知。

表达自我，找好角度，敢于批判，风格独特，是体现评论文章独特风采的重要手段。

在本册书中，也有许多“以评促思”的练习，希望大家能够在写作评论的时候运用以上知识，写出真正的好评论。希望大家能够通过练习，锻炼自己的评论能力与写作技巧，提高自己的思维水平和综合素养。祝大家都能够在阅读中获得快乐，在写作中获得成长。

下篇
阅读行动

卷首小语

说起清华，它代表了一种自强不息、厚德载物的君子精神。而清华人，就是具有这种精神品质的君子。

清华园里，有那么一些名字，说来如雷贯耳；有那么一些人，想来灿若辰星。梁启超、王国维、陈寅恪、赵元任、朱自清、韦杰三、杨振宁、邓稼先……为什么他们的成就如此耀眼？为什么他们的身影光芒万丈？

因为他们自强不息，丝毫不肯放松对自己的要求；因为他们厚德载物，总是在国家和民族需要他们的时候毫无保留地将自己奉献。清华人愿以擎天之力，挽救国家民族于危亡；清华人能效累土之功，默默地将祖国建设得更加富强！

清华人是来自五湖四海的莘莘学子，而当他们一批批地从清华走出来，他们便是一个个磊落光明的君子！

不管时光如何变迁，不管世界如何变化，不管校园如何改变，只要清华的老师们还坚守在讲台，只要清华的学生们还苦学在教室，只要校歌的旋律还在园子里传唱，只要校训还牢记在清华人的心间，我们便会相信，相信更加精彩的明天，相信更加美好的未来。

有的放矢

1．了解清华重要的历史风物，知道其中蕴含的文化内涵、历史意义和民族精神。

2．通读文章，重点品读文章中精彩的描写片段，通过批注的方式，感悟人物形象，体会清华精神，重在发现清华精神和中华民族精神的契合点。

3．见贤思齐，对照自己的日常言行，关注自己的内心，用清华精神指引自身言行。

磨砺以须

“清华”知多少

1. 清华大学和清华附中的校训是______________，这八个字语出__________。

2. 下列图片（　　）不属于清华大学。

A. 人文日新

B. 闻一多像

C. 行胜于言

D. 未名湖

3. 以下和清华大学历史有关的信息是（　　）。（多选题）

   A. 清华大学创建于 1911 年

   B. 清华大学是依托美国退还的部分“庚子赔款”建立的

C. 清华大学因北京西北郊的清华园而得名，初称“清华学堂”

D. 清华大学是清政府设立的留美预备学校，翌年更名为“清华学校”

【参考答案】

1. 自强不息，厚德载物　《易经》

2. D

3. ABCD

君子知多少

1. 你认为作为一名君子，应当具有哪些品格？请试举三例，并说明。

【同学分享】

我眼中的君子

初1712班　孟靖凯

“君子”一词是指品行高尚的人，然而似乎这个词还有更多《现代汉语词典》之外的意思。所谓君子的品行，其实是自然孕育而出的，因此与其用自然事物的特点来比喻君子的品行，倒不如说君子品格的滥觞就在自然之中。我认为君子首先应像大地一般厚重，以厚德承载万物；君子也好似松，刚劲、坚韧，如同松的四季常青一般“任风雨来袭，我自岿然不动”，由内向外迸发出一种“磐石方且厚，可以卒千年”的自强与浩然之气；不过正所谓“谦谦君子，温润如玉”，君子也要像梅一样刚柔并济——既能“凌寒独自开”，又能“为有暗香来”；而君子更要“出淤泥而不染”，同时“香远益清，亭亭净植”，用阵阵沁人心脾的清香影响、感化他人。所以做君子还真非易事，但至少我们可以慢慢向“君子”迈进——“与善人居，如入芝兰之室，久而不闻其香”。

【点评指导】

在中国文化中，“君子”一词有着丰富的内涵，甚至可意会，难言传。这个段落把君子的品格比喻为松、梅、荷，一下就化抽象为具体了。再加上诗句的引用，在表意清楚的基础上增添了文化意蕴，“君子”就跃然纸上了。托物言志的手法和诗文的积淀，使段落增色不少。

2. 从古至今，对君子的讨论代不乏人，请试举三例古人谈论君子的名人名言，并作解释。

【同学分享】

名人眼中的君子

初 1712 班　王昕睿

“苔痕上阶绿，草色入帘青。”这是刘禹锡在革新失败被贬时为自己的寒酸小屋写下的《陋室铭》。失意丢官、遭人打压的刘禹锡，不仅没有一蹶不振，反而以更乐观、积极的心态去面对生活。几次迁居辗转至此，深陷低谷的他也能“谈笑有鸿儒，往来无白丁”，更突显出他洁身自好的品质。“斯是陋室，惟吾德馨”，君子有德，无论在什么生活状态下都能以坚韧的心和宽广的眼界去看待生活，坚守自己的高洁品质，坦然接受困难并能屈能伸地面对生活，这就是刘禹锡笔下的君子品质。

【点评指导】

这个文段没有泛泛而谈，而是找准一个切入点——《陋室铭》——谈了刘禹锡对“君子”要具备的品质的看法。这种写法的巧妙之处是，使文章具有双层厚度——刘禹锡看“君子”，作者解读刘禹锡，也可以看出本文作者对于刘禹锡和《陋室铭》都有较为详细的了解。

史铁生知多少

你是否读过史铁生的文章，如果读过，请填写下表。

作　品	大概内容

含英咀华

⊙清华风物

二　校　门

二校门

二校门位于大礼堂草坪南侧，是清华的象征性建筑物，是不容忽视的校园历史坐标。它那乳白色的石门流露出清丽庄严之美。石门上端的“清华园”三字出自时任军机大臣的那桐之手。

“二校门”始建于 1909 年，是清华大学最早的学校大门。1933 年学校扩大，修建了新的校门即现在的清华西校门。因此人们便将原来的大门称为二校门。20 世纪 50 年代，为了校内交通的便利，把大门两侧的短墙拆除，只保留中央主体部分。在十年动乱中，它未能逃过劫难，被红卫兵彻底砸烂。为了保护校园原有的空间模式，20 世纪 90 年代在校友的积极倡议和集资筹助下，学校依照原图重建，恢复了这一校园文化景观。

校 训 石

自强不息　厚德载物

自强不息、厚德载物的校训在清华园内随处可见。这一校训来源于《周易》的两句话：一句是“天行健，君子以自强不息”（乾卦），一句是“地势坤，君子以厚德载物”（坤卦）。

民国时期，梁启超在清华大学任教时，曾给当时的清华学子作了《论君子》的演讲，他在演讲中希望清华学子们都能继承中华传统美德，并引用了《周易》上的“自强不息”“厚德载物”等话语来激励清华学子。此后，清华人便把“自强不息，厚德载物”八个字写进了清华校规，后来又逐渐演变成为清华校训。后来，著名哲学家、哲学史家、国学大师、北京大学哲学系教授张岱年先生把中华民族精神概括为“自强不息”“厚德载物”。

【附】

论 君 子

梁启超[①]

君子二字其意甚广，欲为之诠注，颇难得其确解。惟英人所称劲德尔门（指Gentleman）包罗众义，与我国君子之意差相[②]吻合。证之古史，君子每与小人对待，学善则为君子，学不善则为小人。君子小人之分，似无定衡。顾习尚沿传类以君子为人

① 梁启超（1873—1929），中国近代思想家、政治家、教育家。戊戌变法（百日维新）领袖之一。

② 差相：差不多。

格之标准。望治者，每以人人有士君子之心相勖[①]。《论语》云：君子人与[②]？君子人也[③]，明乎君子品高，未易几及也。

英美教育精神，以养成国民之人格为宗旨。国家犹机器也，国民犹轮轴也。转移盘旋，端在国民，必使人人得发展其本能，人人得勉为劲德尔门，即我国所谓君子者。莽莽神州，需用君子人，于今益极，本英美教育大意而更张之。国民之人格，骎骎[④]日上乎。

君子之义，既鲜确诂[⑤]，欲得其具体的条件，亦非易言。《鲁论》[⑥]所述，多圣贤学养之渐，君子立品之方，连篇累牍[⑦]势难胪[⑧]举。周易六十四卦，言君子者凡五十三。乾坤二卦所云尤为提要钩元[⑨]。乾象曰："天行健，君子以自强不息。"坤象曰："地势坤，君子以厚德载物。"[⑩]推本乎此，君子之条件庶几近之矣。

乾象言，君子自励犹天之运行不息，不得有一暴十寒[⑪]之弊。才智如董子[⑫]，犹云勉强学问。《中庸》亦曰，或勉强而行之[⑬]。人非上圣，其求学之道，非勉强不得入于自然。且学者立志，尤须坚忍强毅，虽遇颠沛流离，不屈不挠，若或见利而进，知难而退，非大有为者之事，何足取焉？人之生世，犹舟之航于海。顺风逆风，因时而异，如必风顺而后扬帆，登岸无日矣。

---

① 勖(xù)：勉励。

② 与：同"欤"(yú)，文言助词，表示疑问、感叹、反诘等语气。

③ 这是《论语·泰伯第六》中曾子的话："可以托六尺之孤，可以寄百里之命，临大节而不可夺也。君子人与？君子人也。"意思是："可以把年幼的君主托付给他，可以把国家的政权托付给他，面临生死存亡的紧急关头而不动摇屈服。这样的人是君子吗？是君子啊！"

④ 骎骎(qīn)：形容马跑得很快的样子，比喻事业进展得很快。

⑤ 诂(gǔ)：用通行的话解释古代语言文字或方言。

⑥ 鲁论：即《鲁论语》，为《论语》的汉代传本之一。相传为鲁人所传，是今本《论语》的来源之一。

⑦ 连篇累牍：累(lěi)，重叠。牍，古代写字的木片。形容篇幅过多，文辞冗长。

⑧ 胪(lú)举：胪：陈述。胪举，意为列举。

⑨ 提要钩元：提要即指出纲要。钩元即钩玄，探索精微。指精辟而简明地指明主要内容，出自韩愈《进学解》"记事者必提其要，纂言者必钩其玄。"

⑩ 天行健，君子以自强不息；地势坤，君子以厚德载物：出自战国学者为《周易》写的《象传》。象传分为大象、小象。大象解释卦象立义；小象解释六爻辞。这两个句子分别出自乾坤两卦的"大象"。这两句的意思是：天(即自然)的运动刚强劲健，相应于此，君子应刚毅坚卓，奋发图强；大地的气势厚实和顺，君子应增厚美德，容载万物。

⑪ 一暴十寒：暴(pù)，同"曝"，晒。比喻学习或工作一时勤奋，一时又懒散，没有恒心。出自孟轲《孟子·告子上》："虽有天下易生之物也，一日暴之，十日寒之，未有能生者也。"虽然是最容易生长的植物，晒一天，冻十天，也不可能生长。

⑫ 董子：即西汉思想家、儒学家董仲舒。他把儒家的伦理思想概括为"三纲五常"，其教育思想和"大一统""天人感应"理论，为后世封建统治者提供了统治的理论基础。

⑬ 或勉强而行之：语出《中庸》。或生而知之；或学而知之；或困而知之；及其知之，一也。或安而行之；或利而行之；或勉强而行之；及其成功，一也。

且夫自胜则为强，乍见孺子[①]入水，急欲援手，情之真也。继而思之，往援则己危，趋而避之，私欲之念起，不克自胜故也。孔子曰："克己复礼曰仁。[②]"王阳明[③]曰："治山中贼易，治心中贼难。[④]"古来忠臣孝子愤时忧国奋不欲生，然或念及妻儿，辄有难于一死不能自克者。若能摈私欲尚果毅，自强不息，则自励之功与天同德，犹英之劲德尔门，见义勇为，不避艰险，非吾辈所谓君子其人哉？

坤象言君子接物，度量宽厚，犹大地之博，无所不载。君子责己甚厚，责人甚轻。孔子曰："躬自厚而薄责于人。[⑤]"盖惟有容人之量，处世接物坦焉无所芥蒂[⑥]，然后得以膺[⑦]重任，非如小有才者，轻佻狂薄，毫无度量，不然小不忍必乱大谋，君子不为也。当其名高任重，气度雍容，望之俨然，即之温然，此其所以为厚也，此其所以为君子也。

纵观四万万同胞，得安居乐业，教养其子若弟者几何人？读书子弟能得良师益友之熏陶者几何人？清华学子，荟中西之鸿儒，集四方之俊秀，为师为友，相蹉相磨，他年遨游海外，吸收新文明，改良我社会，促进我政治。所谓君子人者，非清华学子，行将焉属？虽然君子之德风，小人之德草[⑧]，今日之清华学子，将来即为社会之表率，语默作止，皆为国民所仿效。设或不慎，坏习惯之传行急如暴雨，则大事偾[⑨]矣。深愿及此时机，崇德修学，勉为真君子，异日出膺大任，足以挽既倒之狂澜，作中流之砥柱，则民国幸甚矣。

1914 年 11 月 10 日

（原载《清华周刊》，第 20 期）

---

① 孺子：小孩子。

② 克己复礼曰仁：出自《论语·颜渊》。颜渊问仁。子曰："克己复礼曰仁。一日克己复礼，天下归仁焉。为仁由己，而由人乎哉？"颜渊曰："请问其目。"子曰："非礼勿视，非礼勿听，非礼勿言，非礼勿动。"颜渊曰："回虽不敏，请事斯语矣。"

③ 王阳明：即王守仁，因曾筑室于会稽山阳明洞，自号阳明，学者称之为阳明先生。明代最著名的思想家、文学家、哲学家和军事家，陆王心学之集大成者。非但精通儒家、佛家、道家，而且能够统军征战，是中国历史上罕见的全能大儒。

④ 治山中贼易，治心中贼难：正德十三年正月，王阳明在剿灭山贼之前，写信给自己的弟子薛侃说："即日已抵龙南，明日入巢，四路兵皆已如期并进，贼有必破之势。某向在横水，尝寄书仕德云：'破山中贼易，破心中贼难。'区区剪除鼠窃，何足为异。若请贤扫荡心腹之寇，以收廓清之功，此诚大丈夫不世之伟绩。"

⑤ 躬自厚而薄责于人：语出《论语·卫灵公》。子曰："躬自厚而薄责于人，则远怨矣。"

⑥ 芥蒂：本指细小的梗塞物，后比喻心里的不满或不快。

⑦ 膺(yīng)：承担。

⑧ 君子之德风，小人之德草：你只要以善来治政，百姓自然会好起来。君子的德行就像风，百姓的德行就像草，风向哪边吹，草就跟着向哪边倒。

⑨ 偾(fèn)：败坏，破坏。

清华附中清兰书法社校训书法作品

初 1507 班　许可

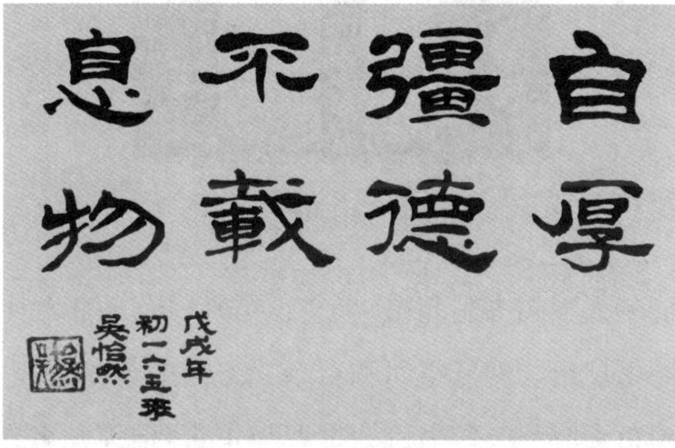

初 1605 班　吴怡然

初 1510 班　邵嘉骏

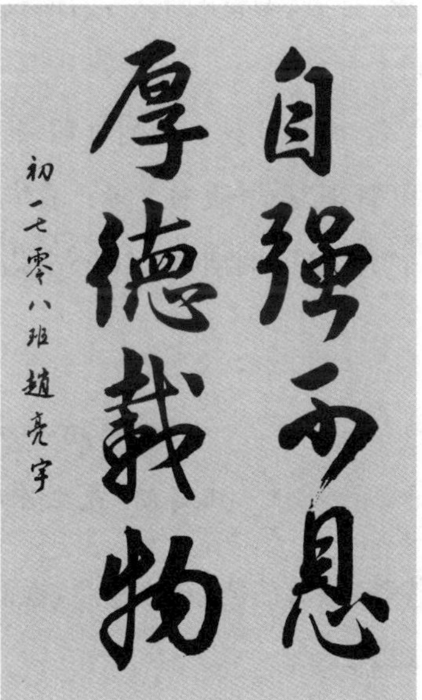

初 1708 班　赵亮宇

邺 架 轩

“邺架轩”阅读体验中心

“邺架轩”位于清华大学图书馆北馆(李文正馆)G层,面积约七百平方米,其中包括五百余平方米的图书展出与阅览空间和百余平方米的沙龙讲座空间。校内多位知名教授组成的导师组负责“邺架轩”书目的推荐与审查,推荐知名作者开展读书沙龙、讲座等文化交流活动,并组织辅导学生的读书活动。“邺架轩”努力成为连接读者与作(译)者、专家、学者、编辑的平台,为读者提供一个安宁舒适的阅读环境和与作者交流的互动空间。

邺架之名,由来已久。唐朝时期,相国李泌曾封邺州侯,“邺侯家多书,插架三万轴”,后人用“邺架”称赞藏书之多。清华老校歌中有“左图右史,邺架巍巍,致知穷理,学古探微”,“邺架轩”阅读体验中心由此得名。

【附】

清华大学老校歌

汪鸾翔[①]先生作词　张慧珍[②]女士作曲

西山苍苍,东海茫茫,吾校庄严,巍然中央,

① 汪鸾翔,曾任清华学校国文教员、国文系教授。

② 张慧珍,原清华学校英文文案处处长何林一的夫人。

东西文化，荟萃一堂，大同爰跻，祖国以光。

莘莘学子来远方，莘莘学子来远方，春风化雨乐未央，行健不息须自强。

自强，自强，行健不息须自强！

自强，自强，行健不息须自强！

左图右史，邺架巍巍，致知穷理，学古探微，

新旧合冶，殊途同归，肴核仁义，闻道日肥。

服膺守善心无违，服膺守善心无违，海能卑下众水归，学问笃实生光辉。

光辉，光辉，学问笃实生光辉！

光辉，光辉，学问笃实生光辉！

器识为先，文艺其从，立德立言，无问西东。

孰绍介是，吾校之功，同仁一视，泱泱大风。

水木清华众秀钟，水木清华众秀钟，万悃如一矢以忠，赫赫吾校名无穷。

无穷，无穷，赫赫吾校名无穷。

无穷，无穷，赫赫吾校名无穷。

【注释】

第一段

西山苍苍/东海茫茫/吾校庄严/巍然中央

此句讲清华的地理位置。这里的“西山”“东海”都是就地理位置而言，即“西边是山，东边是海”。

大同爰跻/祖国以光

此句讲清华的理想是使祖国达到大同社会。“大同”，语出《礼记·礼运》，是儒家学派提出的一种理想社会，与“小康”相对。后人们常用“天下大同”来表达消除了人与人之间经济、政治地位差别的理想社会。康有为先生曾著《大同书》，阐述了他基于资产阶级人性论的空想社会主义观点。“爰”“跻”都是达到的意思，“跻”还有“飞越”之意。

春风化雨乐未央

“春风化雨”指良好的教育，“未央”指没有边际，此句讲在良好的教育环境中其乐无穷。

行健不息须自强

此句意为：君子应模仿天道运行的必然性，努力奋斗，永不停息。《易传·乾象》：“天行健，君子以自强不息”。

第二段

左图右史/邺架巍巍

此句赞颂清华教学设施完备，尤指图书馆，为学子提供了良好的学习、研究环境。左图右史指人置身书斋，前后左右都是书。《新唐书·杨绾传》：“（杨绾）性沈靖（沉静），独处一室，左右图史，凝尘满席，澹如（恬淡）也”。

致知穷理/学古探微

“致知”“穷理”是我国古代认识论的术语，常与“格物”连用，都是探索事物内在本质的意思。此句讲清华学子在学校中刻苦钻研，学习前人遗产，探索未知世界。

新旧合冶/殊途同归

与第一段的“东西文化/荟萃一堂”相对应，上段讲“东西”，此段讲“新旧”，即“今古”。“东西融汇，古今贯通”是清华传统的治学理念，汪鸾翔先生将此称为校歌所含的“元素”。学习古代文化为今所用，所以说“殊途同归”。而今清华学子仍须学习我国古代文化的精华，继承先人优良的民族传统，为我国的社会主义现代化建设服务。

肴核仁义/闻道日肥

肴核，美餐。肴指肉菜，核指水果。闻道，认识事物的真谛。孔子说“朝闻道，夕死可矣”，把探求真理看得比生命还宝贵。此句把学习中国古代优秀传统文化看作美好的精神享受，使我们的思想一天天丰满起来。

服膺守善心无违

服膺，铭记在心。《礼记·中庸》：“得一善，则拳拳服膺而弗失之矣。”

海能卑下众水归

魏人曹植《当欲游南山行》曰“东海广且深，由卑下百川”，是说深广的东海之所以能容纳百川之水，正是由于它地势低下。我国古人常以此来赞扬谦卑的人品。《老子·六十六章》有“江海所以能为百谷王者，以其善下之”；《管子·形势解》有“海不辞水，故能成其大”；《庄子·则阳》有“江河合水而为大”；秦相李斯《谏逐客书》有“河海不择细流，故能就其深”；《荀子·劝学》有“不积小流，无以成江海”。这些都借磅礴江海与涓涓细流的关系，说明了大小、高下、深浅之间的辩证关系。校歌以此句勉励清华学子谦逊治学，有大海一样的胸怀，这样才能“学问笃实生光辉”。

第三段

器识为先/文艺其从

器识，器量与见识，指人的内在涵养、精神境界；文艺，指写作方面的学问，运用文字的技巧。《新唐书·裴行俭传》中有“士之志远,先器识,后文艺”,是讲我国古时知识分子为学修身的步骤。古人首先看重做人的度量与见识,修成大智大勇,达到“富贵不能淫,贫贱不能移,威武不能屈”“不以物喜,不以己悲”“先天下之忧而忧,后天下之乐而乐”的境界。至于“文艺”,则只是器识之末。古人这一见解有极大的现实意义。今天所谓的“文艺”,已不似古人所指的写作,应指局限于某一方面的聪明才艺。贺麟先生文中写道:“现在的青年大都目光如豆,喜凭一才一艺天生的鬼聪明,来出小小的风头,绝未作丝毫涵养器识的功夫。而我清华同学(我当然在内)也早就有 narrow-minded 的病根,至今犹未能除掉,……而校歌之‘器识为先’四字,实对症的良药,予吾人以极大之教训,……”清华大学长久以来坚持“将德育放在首位”,鼓励学子投身社会实践以“见世面,长才干,做贡献”,其中蕴含的民族优秀传统,此为其一。

立德立言/无问西东

《左传·襄公二十四年》记载穆叔与宣子讨论什么是古人所说的“死而不朽”。穆叔认为,显赫的家世不能称为不朽。“大上有立德,其次有立功,其次有立言。虽久不废,此之谓不朽。”校歌此句抒发清华学子要在各自学科中做出不朽建树的豪情。这里的“无问西东”当指立德立言要超出传统的东西学之上,取得世界级的成果,即今天所讲的“创世界一流”。

孰绍介是/吾校之功/同仁一视/泱泱大风

此句讲清华的学术民主。这里的“绍介”是“引入”“推出”的意思,“是”为代词,即“此”。与上句相连,是谁把古今东西的学问融会贯通并在此基础上“立德立言”?是清华。而之所以能做出这样的贡献,在于清华有对各种学派、观点一视同仁的“泱泱大风”,在今天叫作“宽松的学术环境”。

水木清华众秀钟

秀,拔尖人才;钟,钟爱,向往。清华以其齐备的学科、优秀的传统、良好的学风、出色的学习环境、民主的学术氛围吸引着大批人才,成为广大有志青年热爱、向往之地。

万悃如一矢以忠

此句讲清华学子及校友对母校的情感。悃(kǔn):诚恳、诚实,亦指单纯的心。矢以忠:不变的忠诚。《楚辞·卜居》中屈原向郑詹尹发问:“吾宁悃悃款款,朴以忠呼,将送往劳来,斯无穷呼?”意为:“我是宁可保持诚恳、忠实的本色呢,还是在无穷的世态炎凉中疲于奔命呢?”屈原的忠心是不变的,清华学子和校友对学校的忠心也是不变的。

校歌视频

西南联大纪念碑

西南联大纪念碑复制品(清华)

复制西南联大纪念碑的设计说明

西南联大的历史是中国知识分子的一个华彩乐章,在国难当头的时候,文人们没有退缩,投笔从戎者有之,坚持学问者有之,精神发明者有之。回首这段历史,今天的我们充满敬意和怀念。

纪念碑选址在一片绿地之中,东侧有起伏的土坡,向西则面向校河开放,青草依依,绿树成荫,具有浓重的校园氛围。碑身依据原纪念碑复制,浇筑在混凝土的整体结构中，造型简练、朴素而挺拔。碑体以叠退的方式，通过光影增加造型的层次感，庄重中不乏细腻。

碑体四面为不同的内容，主看面朝向西南，为冯友兰先生撰写的碑文，西北面为西南联大校训“刚毅坚卓”，东北面为当时西南联大中参军的学生名单，东南面朝向台阶的是清华大学为此次纪念碑建设所做的碑记。

整个场地的设计表现了西南联大的师生们越过重重险阻、百折不挠、矢志民族复兴的精神。设计师依据地形条件，设置了层层跌落的台地，每层台地皆为不规则的折线，隐喻了中国知识分子宁折不弯的刚毅性格，富有力度。下方的三块台地象征了当时联合起来的三所大学，以不同的铺地材料象征了三所学校的性格，在其之上是一块完整的混凝土地面，象征了团结和凝聚力。这块场地的中央为经过锈蚀的钢板，体现历史的沧桑感，而碑体则从钢板中间拔地而起。钢板上在四个正方位都有线条和磨亮的铜块作为标志，据此可以看到纪念碑朝向西南有偏转，通过形象的语言表现了“西南”和“联合”的概念。从南北主校道西望，即可看见碑体挺立于绿坡之后，经过几级台阶走上小径，便来到了挡土墙所夹持的灰砖台阶，正对台阶的即为纪念碑主体。跌落的台地整体呈现发散的动势，寓意联大精神在此发扬光大。整个设计没有采用一般纪念性建筑常规的轴线序列的手法，充分结合地形，随形就势地处理各个部分，既有校园气息，又不乏庄重、肃穆的纪念性。设计师以自己独特的方式，向这段历史致敬，向中华民族的脊梁致敬。

（西南联大纪念碑设计者、清华大学美术学院　方晓风）

【附】

西南联合大学（节选）

冯友兰[①]

1946 年上半年，三校忙于分家和准备北归的事，在有一次清华的校务会议上，梅贻琦说，我们在昆明呆了七、八年，临走的时候总要留下一个纪念品吧。会上我就提议，留下一个有古典形式的纪念品。大家都说好，就推我筹备这件事情。我就筹备立一个完全合乎传统形式的纪念碑。严格地说，这座纪念碑并不是联大常委会正式决议建立的，而是作为在联大中的人为了纪念联大而建立的。碑文是我作的，碑文最后的铭词大部分用校歌的词句，可谓一稿二用。纪念碑的碑文如下。

---

① 冯友兰(1895—1990)，中国当代著名哲学家、教育家。

中华民国三十四年九月九日[1]，我国家受日本之降于南京。上距二十六年七月七日卢沟桥之变，为时八年；再上距二十年九月十八日沈阳之变[2]，为时十四年；再上距清甲午之役[3]，为时五十一年。举凡五十年间，日本所鲸吞蚕食于我国家者，至是悉备图籍献还[4]。全局之胜，秦汉以来所未有也。

国立北京大学、国立清华大学原设北平，私立南开大学原设天津。自沈阳之变，我国家之威权逐渐南移，惟以文化力量与日本争持于平津，此三校实为其中坚。二十六年平津失守，三校奉命迁于湖南，合组为国立长沙临时大学。以三校校长蒋梦麟、梅贻琦、张伯苓为常务委员[5]，主持校务。设法、理、工学院于长沙，文学院于南岳，于十一月一日开始上课。迨京沪失守，武汉震动，临时大学又奉命迁云南。师生徒步经贵州，于二十七年四月二十六日抵昆明[6]。旋奉命改名为国立西南联合大学。设理、工学院于昆明，文、法学院于蒙自，于五月四日开始上课。一学期后，文、法学院亦迁昆明。二十七年，增设师范学院。二十九年，设分校于四川叙永，一学期后并于本校。昆明本为后方名城，自日军入安南[7]、陷缅甸，乃成后方重镇。联合大学支持其间，先后毕业学生二千余人，从军旅者八百余人。河山既复，日月重光，联合大学之战时使命既成，奉命于三十五年五月四日结束，原有三校即将返故居、复旧业。缅维[8]八年支持之苦辛，与夫三校合作之协和，可纪念者盖有四焉：

---

① 1945 年 8 月 14 日，日本天皇裕仁照会中、美、英、苏政府，表示接受波茨坦公告，无条件投降。8 月 15 日，裕仁以广播《停战诏书》的形式，正式宣布接受波茨坦公告。中华民国三十四年(即 1945 年)九月九日，是指日本的中国派遣军总司令官冈村宁次在南京向国民党政府签署投降书的日子。

② 沈阳之变：指 1931 年 9 月 18 日，日本炮轰沈阳北大营，发动了“九·一八”事变。这是日本大规模侵略我国东北的开始。由于国民党不抵抗，结果东北三省全部沦陷。

③ 甲午之役：即 1894 年日本发动的侵略中国和朝鲜的战争。这一年是旧历甲午年，故称中日甲午之战。这场战争，由于清政府腐败，中国战败，被迫签定了丧权辱国的《马关条约》。

④ 图籍：地图、户籍；献还：奉献、归还。

⑤ 当时学校不设校长，而实行常委制。常委由三校校长组成，蒋梦麟兼总务长，梅贻琦兼教务长，张伯苓兼建设长。常委轮流主政，但由于工作缘故，到西南联大后，执政的主要是梅贻琦先生。蒋梦麟系北京大学校长，梅贻琦为清华大学校长，张伯苓是南开大学校长。

⑥ 1938 年 2 月中旬，临时大学师生分三路迁滇。一路经广州、香港，过越南，再由滇越铁路抵昆明；一路沿湘桂公路经桂林、柳州、南宁，过越南由滇越铁路进昆明；另一路组成湘黔滇旅行团，徒步横跨湘黔滇入昆明。此处指湘黔滇旅行团经湘西，越贵州，过滇东，步行 3360 华里，历时 68 天，到达昆明。4 月 26 日，三路师生汇聚昆明，迁校完成。

⑦ 安南：越南。

⑧ 缅维：长期维系。缅：遥远；维：连接，保持。

我国家以世界之古国，居东亚之天府①，本应绍汉唐之遗烈②，作并世之先进，将来建国完成，必于世界历史居独特之地位。盖并世列强，虽新而不古；希腊罗马，有古而无今。惟我国家亘古亘今③，亦新亦旧，斯所谓“周虽旧邦，其命维新”④者也。旷代之伟业，八年之抗战，已开其规模，立其基础。今日之胜利，于我国家有旋乾转坤之功，而联合大学之使命，与抗战相终始，此其可纪念者，一也。

“文人相轻，自古而然。”⑤昔人所言，今有同慨。三校有不同之历史，各异之学风，八年之久，合作无间，同无妨异，异不害同，五色交辉，相得益彰，八音合奏，终和且平，此其可纪念者，二也。

“万物并育而不相害，道并行而不相悖，小德川流，大德敦化，此天地之所以为大。”⑥斯虽先民之恒言，实为民主之真谛。联合大学以其兼容并包之精神，转移社会一时之风气，内树学术自由之规模，外来民主堡垒之称号，违千夫之诺诺，作一士之谔谔⑦，此其可纪念者，三也。

稽之往史，我民族若不能立足于中原，偏安江表⑧，称曰南渡。南渡之人，未有能北返者：晋人南渡⑨，其例一也；宋人南渡⑩，其例二也；明人南渡⑪，其例三也。“风景

---

① 东亚：亚洲东方。天府：上天的府库。

② 绍：继续，继承。遗烈：未尽的功业。

③ 亘古亘今：从古到今。亘：延续不断。

④ “周虽旧邦，其命维新”：语出《诗经・大雅・文王》，意思是说周朝虽为旧国，但它秉承天命，持续常新。旧邦：自后稷开国，历夏、商两朝而到周，故称旧邦。新：新气象。这里借这两句话说中国是一个历史悠久的国家，但能够革故鼎新，保持新的气象。

⑤ “文人相轻，自古而然”：语出曹丕《典论・论文》，说自古以来，文人都小看对方。

⑥ “万物并育而不相害，道并行而不相悖，小德川流，大德敦化，此天地之所以为大也”：语出《中庸》，此言揭示自然社会的运行规律。害：妨碍。悖：相反，违背。川流：如川之流。敦化：敦厚其教化。敦：诚恳。

⑦ 违千夫之诺诺，作一士之谔谔：与庸众的唯唯诺诺相背，而做仗义执言之人。语从《韩诗外传・七》“众人诺诺，不若一士之谔谔”，《史记・商君传》“千人之诺诺，不如一士之谔谔”等化来。千夫：众人，庸碌之辈。诺诺：连声答应，表示顺从。士：知识分子。谔谔：直言争辩。《广雅・释训》：“谔谔……语也。”

⑧ 偏安：古代帝王不能统治全国，偏居一方以自安。江表：指长江以南地区。

⑨ 晋人南渡：公元 316 年，刘曜攻陷长安，西晋愍帝司马邺投降，晋朝在北方的统治终结。公元 317 年，司马睿在建康(今南京)即位，史称东晋。因长安在北方，南京在南方，故作者称“南渡”。

⑩ 宋人南渡：公元 1127 年，徽宗和钦宗被金兵俘获，北宋灭亡。赵构渡江称帝，建都临安(今杭州)，史称南宋。

⑪ 明人南渡：公元 1644 年，李自成攻克北京，明思宗朱由检在景山自缢，马士英等在南京拥立福王之子朱由崧为南明弘光帝。清军入关夺取北方统治政权后，南方又相继出现了由明宗室建立的鲁王、唐王、桂王政权。

不殊”[①]，晋人之深悲；“还我河山”，宋人之虚愿[②]。吾人为第四次之南渡，乃能于不十年间，收恢复之全功，庾信不哀江南[③]，杜甫喜收蓟北[④]，此其可纪念者，四也。

联合大学初定校歌[⑤]，其辞始叹南迁流离之苦辛，中颂师生不屈之壮志，终寄最后胜利之期望。校[⑥]以今日之成功，历历不爽[⑦]，若合符契[⑧]。

联合大学之终始，岂非一代之盛事，旷百世而难遇者哉！爰就歌辞，勒为碑铭[⑨]。铭曰：

痛南渡，辞宫阙。驻衡湘，又离别。更长征，经峣嵲[⑩]。望中原，遍洒血。抵绝徼[⑪]，继讲说。诗书丧，犹有舌。尽笳吹[⑫]，情弥切。千秋耻，终已雪。见仇寇，如烟灭。

---

① “风景不殊”：周凯语，出自《晋书·王导传》“过江之人，每至暇日，相要出新亭饮宴，周凯中坐而叹曰：‘风景不殊，举目有江山之异。’皆相视流涕，惟导愀然变色曰：‘当共戮力王室，克复神州，何至作楚囚相对泣耶？’众人收泪谢之。”

② “还我河山”，宋人之虚愿：南宋爱国人士以收复北方，还我河山为志向，但愿望未能实现。“还我河山”语出岳飞，他曾手书此四字于诸葛亮《出师表》前。河山：国土。虚愿：未能实现的愿望。虚：空。另一说还我河山为“还我山河”的变文，虚愿为无诚意的愿望。宋太宗赵光义把吴越国王钱俶扣留在汴京，钱被迫献出国土，削去国号。宋人赵与时《宾退录》五·二〇节载：“徽宗尝梦吴越钱王引徽宗御衣云：‘我好来朝，便留住我，终须还我山河。’”事并见周必大《思陵录》卷上，刘一清《钱塘遗事·一·梦吴越王取故地》《宣和遗事·前集·大观二年》；宋高宗赵构并不真心想收复北方，因为当时徽宗和钦宗在金人帐下做俘虏，北方收复，钦宗还朝，他就当不成皇帝了，故说“虚愿”。《逸周书》：“虚愿不至，妄为不祥。”

③ 庾信不哀江南：意为我们不再像庾信那样哀江南了。庾信(513—581)，字子山，南阳新野(今河南新野县)人。初在南朝梁国做官，奉使西魏，西魏慕其文才强留他在长安，西魏亡，在北周做官，官至骠骑将军。他虽居高位，但常怀乡关之思，曾取屈原《招魂》诗中“魂兮归来哀江南”作《哀江南赋》抒发故国之思。

④ 杜甫喜收蓟北：意为我们的心情正像杜甫听到安史之乱被平定时一样的喜悦。杜甫(712—770)，字子美，今河南巩义市人。安史乱起，他颠沛流离，公元 763 年安史之乱被平定时他在梓州(今四川三台县)听到这一消息，惊喜欲狂，写下了《闻官兵收河南河北》一诗，诗起首就说：“剑外忽传收蓟北，初闻涕泪满衣裳”。蓟北：泛指唐代幽州、蓟州一带，今河北省北部，安史叛军的根据地。

⑤ 1938 年 10 月，西南联大成立编制校歌校训委员会，聘请冯友兰、朱自清、罗常培、罗庸、闻一多为委员，冯友兰为委员会主席。1939 年 7 月，常委会通过校歌。校歌歌词为：万里长征，辞却了五朝宫阙，暂驻足衡山湘水，又成离别。绝徼移栽桢干质，九州遍洒黎元血，尽笳吹弦诵在山城，情弥切。千秋耻，终当雪，中兴业，须人杰。便一成三户，壮怀难折。多难殷忧新国运，动心忍性希前哲，待驱除仇寇复神京，还燕碣。

⑥ 校(jiào)：校对，一一对照。

⑦ 历历：遍，一个一个地。爽：差错。

⑧ 符契：刻有文字或图形，用作凭证的竹片、木片等。古人将其一分为二，当事双方各持一片，验证时将两片相合，拼出文字或图形为有效。此意为完全切合实情。

⑨ 爰：于是。勒：刻石。铭：铭文。

⑩ 峣嵲(yáo niè)：高山。峣：形容高峻。嵲：形容山高。

⑪ 抵绝徼(jiào)：到达祖国边陲云南。绝徼：远僻之地。绝：绝域，远隔难通的地域。徼：边界。

⑫ 笳吹：指教学。古代学校里读诗，用琴瑟等弦乐器配合歌唱，后用弦歌或弦诵指代学校教学。此处“笳吹”与“弦诵”意同。笳，古代管乐器名。

起朔北[①]，迄南越[②]。视金瓯[③]，已无缺。大一统，无倾折。中兴业，继往烈。维三校[④]，兄弟列。为一体，如胶结。同艰难，共欢悦。联合竟，使命彻。神京复[⑤]，还燕碣[⑥]。以此石，象坚节[⑦]。纪嘉庆，告来哲[⑧]。

纪念碑按照传统的款式，署名“文学院院长冯友兰撰文，中国文学系教授闻一多篆额，中国文学系主任罗庸书丹”。碑的背面刻着从军的联大学生名单。

联大决定于1946年五四纪念日结束，纪念碑也于是日揭幕。那一天上午，先开联大的会，全体师生集合，由我朗诵纪念碑碑文，然后到新校舍后面小土山上为纪念碑揭幕。经历抗战八年的联大就此结束。

下午三校各自开会，算是分家，闻一多在清华的会上发言，有一段说：“大家都说清华有优良的传统，这不对，清华没有优良传统，有的是半封建半殖民地的教育传统。我受了这种传统的毒害，现在才刚有点觉醒。我向青年学习，学会了一件事，那就是心里想说什么，就说什么。”只隔了两个多月，闻一多就遇难了，他以他的一死把联大的“民主堡垒”的地位推到当时的最高峰，把当时的民主运动推到最高潮。就在这个最高潮中，联大结束了它的八年的历程。

（选自冯友兰：《三松堂全集》第一卷，河南人民出版社，2001年。注释作者：李光荣、宣淑君，载于《云南师范大学学报》，2002年第34卷第5期。）

水木清华

诗句“景昃鸣禽集，水木湛清华”出自晋朝谢混的诗《游西池》，“水木清华”四字源此得来。诗句的大致含义为：“天色渐晚，在夕阳斜照之下，飞鸟归巢，鸣叫着欢聚枝头。此刻，落日的余晖流洒在池面树梢，水含清光，树现秀色，水清木华。”西池的景色，使人陶醉，而日暮昏黄之景又触发了诗人迟暮之感，因而运用象征手法，倾吐时不我待的情怀。

---

① 朔北：北方。

② 南越：指南方。

③ 金瓯：盛酒之器，比喻祖国疆土。

④ 维：同惟，思想，有“回顾”意。

⑤ 神京：帝都，此指北京。

⑥ 燕碣：泛指京津一带。燕：燕京，即北京。碣：碣石。

⑦ 象坚节：象征刚毅坚卓的人品气节。西南联大的校训为“刚毅坚卓”。

⑧ 来哲：未来的贤人。

水木清华

“水木清华”的主体景观是工字厅后面的一个荷塘，荷塘之畔垂杨山水之中掩映着一幢秀雅的古建筑。荷塘南侧的古建本为工字厅的后厦，为“水木清华”的正廊，正额“水木清华”据历史记载是清朝康熙皇帝的御笔。正廊朱柱上悬有清代道光进士，咸丰、同治、光绪三代礼部侍郎殷兆镛的名联：“槛外山光历春夏秋冬万千变幻都非凡境，窗中云影任东西南北去来澹荡洵是仙居”。

【附】

游 西 池

【晋】 谢混①

悟彼蟋蟀唱，信此劳者歌。有来岂不疾，良游常蹉跎。
逍遥越城肆，愿言屡经过。回阡被陵阙，高台眺飞霞。
惠风荡繁囿，白云屯曾阿。景昃鸣禽集，水木湛清华。
褰裳顺兰沚，徙倚引芳柯。美人愆岁月，迟暮独如何？
无为牵所思，南荣戒其多。

① 谢混，东晋名士。

学习任务

一、词语积累。摘录喜欢的词语，工整地抄写在表格内。

1. 老师推荐

象	征		坐	标		劫	难		符	契		金	瓯
芥	蒂		蹉	跎		笃	实		堡	垒		校	对
自	强	不	息		厚	德	载	物		服	膺	守	善

（清华附小 2013 级 2 班　何秉原）

2. 我的选择

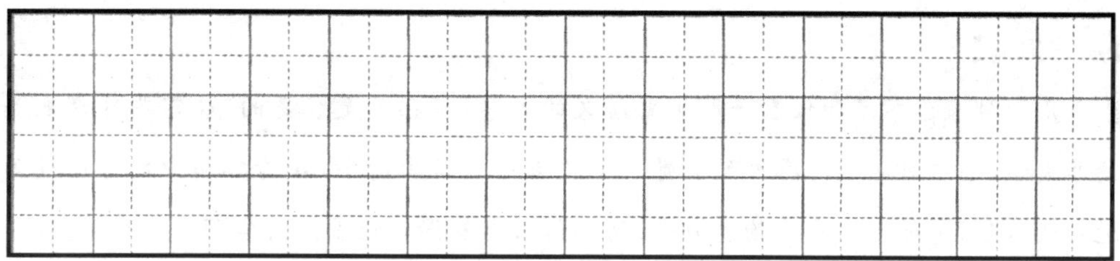

二、批注留念。边读书，边批注。挑选一则最满意的批注，写入下表。

摘　录	批　注

三、以读导写。任选一题完成。

1. 清华园作为皇家园林，四时都有美丽的自然风光；清华大学作为百年名校，各处都有经典的文物建筑。红砖的教学楼，金黄的银杏叶，翠绿的松柏树，紫色的紫荆花……清华风物的颜色各式各样，你认为哪一种颜色最能够代表清华呢？请你以“清华的颜色”为题，描述一下清华独特的美。

【同学分享】

清华的颜色

“水木清华”，顾名思义，清华园水清树荣，环境有近乎世外桃源的清幽美丽。这里的色调充盈着高贵典雅的紫色，有玲珑可爱的丁香，紫珠帘般缠绕枝条的紫荆花，温婉柔润的玉兰花和接天莲叶中怒放的荷花。秋风袭过，树木则换上了热烈经典的红色外套，有鲜亮精美的枫叶、气势宏大的梧桐叶和红墙古瓦上挂满的深红色爬山虎，而最令我叹服叫绝的则是银杏树最耀眼的金黄。

二校门前，整条街由高大的银杏树组成了一条银杏大道，每到十月，几十棵银杏树不约而同地换上了一身亮金盔甲。你若将身体探进层层金鳞中，便感觉自己仿佛置身于一条在尽头处渐渐消失的金色长廊，每级台阶，都由数十把小金扇簇拥而成，天上仿佛下着片片金雪，雪花悠然落在早已染为金色的马路上，被来往的行人踏碎，化作层层金粉堆砌。远看整条街，就像一条宏伟的金龙守护着清华园。

这就是清华园中色彩之神——银杏，它们身披狂放不羁的金甲傲立于清华正中央！

（初 1712 班　李嘉华）

【点评指导】

用一种颜色界定和代表一所历史悠久的大学，实在不是容易的事，需要作者熟悉清华大学，还要对色彩有感性的直觉。小作者来自清华附小，在清华园中已经度过了近七载春秋，再加上他是植物爱好者，写作起来自然得心应手。清华园的四季，通过不同植物的颜色传递了出来，作者似乎行走在记忆中带领我们走过颜色的长廊。

2. 清华有许多的名人名言——“独立之精神，自由之思想”“诗人的主要天赋是爱，爱他的祖国，爱他的人民”“春风化雨乐未央，行健不息需自强”，请你也写一个座右铭来激励自己。

【同学分享】

座右铭：生活向下看，学习思想向上看。

原因：很多人对自己所处的现状不满足，埋怨自己长不高，吃不好，没有名牌服装，一味地在生活上追求“高人一等”。当我们这么想的时候，应该看看社会最底层人们的生活。

我没有钱——有人没有健康；

我没有车——有人没有腿；

我没有人爱——有人没有人理；

我碗里没有肉——有人没有碗；

我没有时间逛街——有人没有自由；

我没有漂亮的外表——有人没有顺眼的外貌；

我没有豪华的别墅——有人没有住处；

我没有富足显赫的家庭——有人没有父母；

我没有前途——有人没有生命。

看见了那些社会底层生活的人们，是多么艰苦。狭隘的房间、杂乱的物品、一家老小孩子闹、大人叫，整天蹲守在货摊上，几分钱、几毛钱地算账，挣钱多不容易呀。一间屋子半间炕，每到下雨天，屋子就漏得稀里哗啦的。放低自己的欲望，没有多高的奢望，幸福就是简单的生老病死的过程。不希冀成为豪门权贵，也不想回归穷乡僻壤；不羡慕有钱的人家，也不愿意扎根在贫穷的土地里；要做的，只是好好地生活，努力去挣钱，在自己的生活条件范围内，过自己喜欢过的日子，交往自己喜欢交往的人，谈自己喜欢谈的话题，努力改变生活的一切。钟书先生在《说"回家"》中言道："思想的结束是不复思想，问题有解答就不成问题，怀疑克服了而成信仰，或者坐实了而成怀疑主义。假如一时得不到结论，就往往人云亦云，盲从现成的结论，或者哄骗得自己把这问题忘掉，仿佛根本没有这回事。"

一个懂得向上看思想的人，才能清醒地认识自己所处的位置。

（初 1712 班　郭德勤）

【点评指导】

拟座右铭，是难事。太过深刻，不容易践行，流于空泛；太过简白，意蕴不足，不够庄重。这则座右铭，能够平淡中见深沉，实实在在，在当下尤其有指导意义，引起人的共鸣。作者在阐释理由时，有条不紊，步步为营，讲究格式的趣味性，又有引用彰显功底，可见是认真思考、走心之作。

四、以评促思。任选一题完成。

1. 清华大学的前身是留美预备学校，在这之前是皇家园林，它见证了近一百多年来中国历史的发展变迁。在清华的风物当中，有建于清代的工字厅，有建于留美预备学堂时期的大礼堂，有建于新中国成立后的主楼，有建于百年校庆之际的文科图书馆。你认为哪一个时期的哪一座建筑最能够代表清华？说明你的理由。

【同学分享】

历史像雨滴一般滑落在时间的每一个角落，留下印在时间里的痕迹。对于清华来说，大礼堂无疑是一个沉淀着清华悠久历史变迁的风物。它是清末时期用美国退还的"庚子赔款"建立的，一砖一瓦都由海外运来，是一处用于培养留美预备生的地方，可以算是清华大学最早的一批建筑。大礼堂融合了希腊式与罗马式的建筑风格，也成为清华大学最具特色的建筑。如今它矗立在大草坪正北端，师生们都可以去那里看电影。大礼堂刻画着的不仅是清华如今的欣欣向荣，更是清华由从前的点点耻辱中破茧成蝶的一个见证。现在，我们依然能在大礼堂中看到“人文日新”的牌匾，它从高处俯瞰着礼堂中步履不停的过客，他们在这里踩下深深浅浅不同的脚印，留住了漫长岁月里一次次美好的黄昏。他们在礼堂中的欢与笑，是对清华多年来不断前行的骄傲。如今的大礼堂中的人们是属于清华的莘莘学子，他们在这里会感受属于自己的生命和烙在他们心上的美好记忆。

（初1712班　杜若葭）

【点评指导】

清华风物之多，人所共知。要在这众多的风物中选出来“最”，不简单。本文作者写出了大礼堂修建的来由、礼堂的整体建筑风格和“人文日新”的匾额等细节。“破茧成蝶”一词，是礼堂也是清华大学的动人写照。文段最后融入了人的活动，使静态之物有了温度和活力。

2．二校门作为清华的标志，经历过推倒重建的过程。有人认为重建的二校门只是个复制品，已经失去了代表清华的资格；有人认为二校门作为清华的标志，无论它是不是最初的那一个，都能够代表清华。你对这个问题怎么看？谈一谈你的观点。

【同学分享】

小议二校门重建

初1712班　华家骐

我认为重建二校门有着象征性的意义，二校门的壮观深沉给了清华学子们静心学习的力量。当初二校门的毁坏是因为红卫兵的观念受到了不正确的引导，他们年纪太小不辨是非，现在社会上有儒家思想的回归，我们都明白是非对错，重建二校门是受欢迎的，因为那里也是清华学子对母校表达眷恋的地方。

二校门的毁坏和圆明园的毁坏不同，圆明园的毁坏是国仇，是民族的耻辱，我们永远记在心间。“为中华之崛起而读书”是我们学习的动力。清华大学的校训“自强不息，厚德载物”也体现了一种包容、自强的精神，清华的大门不倒，清华的自强精神常在！

【点评指导】

对于被毁坏的古建筑是否应当重建，一直以来有两种观点。作者分析了二校门被毁的原因以及重建的时代价值，还原了历史的温度。本文还分析了二校门与圆明园性质的不同，拓宽了对古建筑修复的思考，使视角宽了起来。

⊙清华人物

梁　启　超

（一）梁启超作品

少年中国说（节选）

梁启超[①]

日本人之称我中国也，一则曰老大帝国，再则曰老大帝国。是语也，盖[②]袭译欧西人[③]之言也。呜呼！我中国其果老大矣乎？梁启超曰：恶[④]！是何言！是何言！吾心目中有一少年中国在！

欲言国之老少，请先言人之老少。老年人常思既往，少年人常思将来。惟[⑤]思既往也，故生留恋心；惟思将来也，故生希望心。惟留恋也，故保守；惟希望也，故进取。惟保守也，故永旧；惟进取也，故日新。惟思既往也，事事皆其所已经者，故惟知照例；惟思将来也，事事皆其所未经者，故常敢破格。老年人常多忧虑；少年人常好行乐。惟多忧也，故灰心；惟行乐也，故盛气。惟灰心也，故怯懦；惟盛气也，故豪壮。惟怯懦也，故苟且[⑥]；惟豪壮也，故冒险。惟苟且也，故能灭世界；惟冒险也，故能造世界。老年人常厌事，少年人常喜事。惟厌事也，故常觉一切事无可为者；惟好事也，故常觉一切事无不可为者。老年人如夕照，少年人如朝阳；老年人如瘠牛，少年人如乳虎。此老年与少年性格不同之大略也。梁启超曰：人固有之，国亦宜然。

梁启超曰：造成今日之老大中国者，则中国老朽之冤业也；制出将来之少年中国者，则中国少年之责任也。彼老朽者何足道，彼与此世界作别之日不远矣，而我少年乃新来而与世界为缘。使举国之少年而果为少年也，则吾中国为未来之国，其进步未可量也；使举国之少年而亦为老大也，则吾中国为过去之国，其澌亡[⑦]可翘足而待也。故

① 梁启超（1873—1929），中国近代思想家、政治家、教育家。戊戌变法（百日维新）领袖之一。

② 盖：推测，大概。

③ 欧西人：泛指西方英国、法国、美国等国的人。

④ 恶（wū）：叹词，犹“唉”，含有否定的意思。

⑤ 惟：文言虚词，常常放在句首做发语词，无实际意义。

⑥ 苟且：只图眼前，得过且过。

⑦ 澌亡：灭亡。澌（sī），尽。

今日之责任,不在他人,而全在我少年。少年智则国智,少年富则国富,少年强则国强,少年独立则国独立,少年自由则国自由,少年进步则国进步,少年胜于欧洲,则国胜于欧洲,少年雄于地球,则国雄于地球。红日初升,其道大光①;河出伏流②,一泻汪洋;潜龙腾渊,鳞爪飞扬;乳虎啸谷,百兽震惶;鹰隼试翼,风尘吸张③;奇花初胎,矞矞皇皇④;干将发硎⑤,有作其芒⑥;天戴其苍,地履其黄⑦;纵有千古,横有八荒⑧;前途似海,来日方长。美哉我少年中国,与天不老!壮哉我中国少年,与国无疆!

(《梁启超全集》第 2 卷,北京出版社,1999 年)

(二)名家眼中的梁启超

记梁任公先生的一次演讲

梁实秋

梁任公先生晚年不谈政治,专心学术。大约在民国十年左右,清华学校请他作第一次的演讲,题目是《中国韵文里表现的情感》。我很幸运地有机会听到这一篇动人的演讲。那时候的青年学子,对梁任公先生怀着无限的景仰,倒不是因为他是戊戌政变的主角,也不是因为他是云南起义的策划者,实在是因为他的学术文章对于青年确有启迪领导的作用。过去也有不少显宦,以及叱咤风云的人物,莅校讲话。但是他们没有能留下深刻的印象。

任公先生的这一篇讲演稿,后来收在《饮冰室文集》里。他的讲演是预先写好的,整整齐齐地写在宽大的宣纸制的稿纸上面,他的书法很是秀丽,用浓墨写在宣纸上,十分美观。但是读他这篇文章和听他这篇讲演,那趣味相差很多,犹之乎读剧本与看戏之迥乎不同。

我记得清清楚楚,在一个风和日丽的下午,高等科楼上大教堂里坐满了听众,随后

---

① 其道大光:语出《周易·益》"自上下下,其道大光。"光,广大,发扬。

② 伏流:水流地下。语出《水经注·河水》"河出昆仑,伏流地中万三千里。"

③ 鹰隼(sǔn):鹰隼是两种猛禽,泛指凶猛的鸟。吸张:一作翕张,一张一合的样子。此句大意是:凶猛的鸟在高处准备飞翔的时候,翅膀一张一合的样子。

④ 矞矞(yù)皇皇:矞矞,象征祥瑞的彩云。皇皇,盛大。全词为繁荣昌盛、富丽堂皇、色彩艳丽、恢宏大气之意。

⑤ 干将发硎(xíng):干将,铸剑师的名字,后泛指宝剑。发硎,刀刃新磨。硎,磨刀石。

⑥ 有作其芒:发出光芒。

⑦ 天戴其苍,地履其黄:头顶着苍茫的青天,脚踏着黄土大地。意思是说少年中国如苍天之大,如地之广阔。

⑧ 八荒:八方荒远之地。《说苑·辨物》:"八荒之内有四海,四海之内有九州。"

走进了一位短小精悍秃头顶宽下巴的人物，穿着肥大的长袍，步履稳健，风神潇洒，左右顾盼，光芒四射，这就是梁任公先生。

他走上讲台，打开他的讲稿，眼光向下面一扫，然后是他的极简短的开场白，一共只有两句，头一句是："启超没有什么学问——，"眼睛向上一翻，轻轻点一下头："可是也有一点喽！"这样谦逊同时又这样自负的话是很难得听到的。他的广东官话是很够标准的，距离国语甚远，但是他的声音沉着而有力，有时又是洪亮而激亢，所以我们还是能听懂他的每一字，我们甚至想如果他说标准国语其效果可能反要差一些。

我记得他开头讲一首古诗，箜篌引：

公无渡河。

公竟渡河！

渡河而死；

其奈公何！

这四句十六字，经他一朗诵，再经他一解释，活画出一出悲剧，其中有起承转合，有情节，有背景，有人物，有情感。我在听先生这篇讲演后约二十余年，偶然获得机缘在茅津渡候船渡河。但见黄沙弥漫，黄流滚滚，景象苍茫，不禁哀从中来，顿时忆起先生讲的这首古诗。

先生博闻强记，在笔写的讲稿之外，随时引证许多作品，大部分他都能背诵得出。有时候，他背诵到酣畅处，忽然记不起下文，他便用手指敲打他的秃头，敲几下之后，记忆力便又畅通，成本大套地背诵下去了。他敲头的时候，我们屏息以待，他记起来的时候，我们也跟着他欢喜。

先生的讲演，到紧张处，便成为表演。他真是手之舞之足之蹈之，有时掩面，有时顿足，有时狂笑，有时太息。听他讲到他最喜爱的《桃花扇》，讲到"高皇帝，在九天，不管……"那一段，他悲从中来，竟痛哭流涕而不能自已。他掏出手巾拭泪，听讲的人不知有几多也泪下沾襟了！又听他讲杜氏讲到"剑外忽传收蓟北，初闻涕泪满衣裳……"，先生又真是于涕泗交流之中张口大笑了。

这一篇讲演分三次讲完，每次讲过，先生大汗淋漓，状极愉快。听过这讲演的人，除了当时所受的感动之外，不少人从此对于中国文学发生了强烈的爱好。先生尝自谓"笔锋常带情感"，其实先生在言谈讲演之中所带的情感不知要更强烈多少倍！

有学问，有文采，有热心肠的学者，求之当世能有几人？于是我想起了从前的一段经历，笔而记之。

钱　钟　书

（一）钱钟书作品

围城（节选）

钱钟书[1]

慎明把夹鼻眼镜按一下，咳声嗽，说："方先生，你那时候问我什么一句话？"

鸿渐糊涂道："什么时候？"

"苏小姐还没来的时候，"——鸿渐记不起——"你好像问我研究什么哲学问题，对不对？"对这个照例的问题，褚慎明有个刻板的回答，那时候因为苏小姐还没来，所以他留到现在表演。

"对，对。"

"这句话严格分析起来，有点毛病。哲学家碰见问题，第一步研究问题：这成不成问题，不成问题的是假问题 pesudoquestion，不用解决，也不可解决。假使成问题呢，第二步研究解决：相传的解决正确不正确，要不要修正。你的意思恐怕不是问我研究什么问题，而是问我研究什么问题的解决。"

方鸿渐惊奇，董斜川厌倦，苏小姐迷惑，赵辛楣大声道："妙，妙，分析得真精细，了不得！了不得！鸿渐兄，你虽然研究哲学，今天也甘拜下风了，听了这样好的议论，大家得干一杯。"

鸿渐经不起辛楣苦劝，勉强喝了两口，说："辛楣兄，我只在哲学系混了一年，看了几本指定参考书。在褚先生前面只能虚心领教做学生。"

褚慎明道："岂敢，岂敢！听方先生的话好像把一个个哲学家为单位，来看他们的著作。这只算研究哲学家，至多是研究哲学史，算不得研究哲学。充乎其量，不过做个哲学教授，不能成为哲学家。我喜欢用自己的头脑，不喜欢用人家的头脑来思想。科学文学的书我都看，可是非万不得已决不看哲学书。现在许多号称哲学家的人，并非真研究哲学，只研究些哲学上的人物文献。严格讲起来，他们不该叫哲学家 philosophers，该叫'哲学家学家'philophilosophers。"

鸿渐说："philophilosophers 这个字很妙，是不是先生用自己头脑想出来的？"

---

① 钱钟书（1910—1998），中国现代著名作家、翻译家。

“这个字是有人在什么书上看见了告诉 Bertie，Bertie 告诉我的。”

“谁是 Bertie?”

“就是罗素了。”

世界有名的哲学家、新袭勋爵，而褚慎明跟他亲狎得叫他乳名，连董斜川都羡服了，便说：“你跟罗素很熟?”

“还够得上朋友，承他瞧得起，请我帮他解答许多问题。”天知道褚慎明并没吹牛，罗素确问过他什么时候到英国、有什么计划、茶里要搁几块糖这一类非他自己不能解决的问题——“方先生，你对数理逻辑用过功没有?”

“我知道这东西太难了，从没学过。”

“这话有语病，你没学过，怎会‘知道’它难呢？你的意思是‘听说这东西太难了。’”

辛楣正要说“鸿渐兄输了，罚一杯”，苏小姐为鸿渐不服气道：“褚先生可真精明厉害哪！吓得我口都不敢开了。”

慎明说：“不开口没有用，心里的思想照样的混乱不合逻辑，这病根还没有去掉。”

苏小姐撅嘴道：“你太可怕了！我们心里的自由你都要剥夺了。我瞧你就没本领钻到人心里去。”

褚慎明有生以来，美貌少女跟他讲“心”，今天是第一次。他非常激动，夹鼻眼镜泼刺一声直掉在牛奶杯子里，溅得衣服上桌布上都是奶，苏小姐胳膊上也沾润了几滴。大家忍不住笑。赵辛楣按电铃叫跑堂来收拾。苏小姐不敢皱眉，轻快地拿手帕抹去手臂上的飞沫。褚慎明红着脸，把眼镜擦干，幸而没破，可是他不肯戴上，怕看清了大家脸上逗留的余笑。

董斜川道：“好，好，虽然‘马前泼水’，居然‘破镜重圆’，慎明兄将来的婚姻一定离合悲欢，大有可观。”

辛楣道：“大家干一杯，预敬我们大哲学家未来的好太太。方先生，半杯也喝半杯。”——辛楣不知道大哲学家从来没有娶过好太太，苏格拉底的太太就是泼妇，褚慎明的好朋友罗素也离了好几次婚。

鸿渐果然说道：“希望褚先生别像罗素那样的三四次闹离婚。”

慎明板着脸道：“这就是你所学的哲学!”苏小姐道：“鸿渐，我看你醉了，眼睛都红了。”斜川笑得前仰后合。辛楣嚷道：“岂有此理！说这种话非罚一杯不可!”本来敬一杯，鸿渐只需喝一两口，现在罚一杯，鸿渐自知理屈，挨了下去，渐渐觉得另有一个自己离开了身子在说话。

慎明道:“关于 Bertie 结婚离婚的事,我也和他谈过。他引一句英国古话,说结婚仿佛金漆的鸟笼,笼子外面的鸟想住进去,笼内的鸟想飞出来;所以结而离,离而结,没有了局。”

苏小姐道:“法国也有这么一句话。不过,不说是鸟笼,说是被围困的城堡 fortresse assiegee,城外的人想冲进去,城里的人想逃出来。鸿渐,是不是?”鸿渐摇头表示不知道。

辛楣道:“这不用问,你还会错么!”

慎明道:“不管它鸟笼罢,围城罢,像我这种一切超脱的人是不怕被围困的。”

鸿渐给酒摆布得失掉自制力道:“反正你会摆空城计。”结果他又给辛楣罚了半杯酒,苏小姐警告他不要多说话。斜川像在寻思什么,忽然说道:“是了,是了。中国哲学家里,王阳明是怕老婆的。”——这是他今天第一次没有叫“老世伯”的人。

辛楣抢说:“还有什么人没有?方先生,你说,你念过中国文学的。”

鸿渐忙说:“那是从前的事,根本没有念通。”辛楣欣然对苏小姐做个眼色,苏小姐忽然变得很笨,视若无睹。

“大学里教你国文的是些什么人?”斜川不无兴趣地问。

鸿渐追想他的国文先生都叫不响,不比罗素、陈散原这些名字,像一支上等哈瓦那雪茄烟,可以挂在口边卖弄,便说:“全是些无名小子,可是教我们这种不通的学生,已经太好了。斜川兄,我对诗词真的一窍不通,偶尔看看,叫我做呢,一个字都做不出。”苏小姐嫌鸿渐太没面子了,心痒痒地要为他挽回体面。

斜川冷笑道:“看的是不是燕子龛、人境庐两家的诗?”

“为什么?”

“这是普通留学生所能欣赏的二毛子旧诗。东洋留学生捧苏曼殊,西洋留学生捧黄公度。留学生不知道苏东坡、黄山谷,心目间只有这一对苏黄。我没说错罢?还是黄公度好些,苏曼殊诗里的日本味儿,浓得就像日本女人头发上的油气。”

苏小姐道:“我也是个普通留学生,就不知道近代的旧诗谁算顶好。董先生讲点给我们听听。”

“当然是陈散原第一。这五六百年来,算他最高。我常说唐以后的大诗人可以把地理名字来概括,叫‘陵谷山原’。三陵:杜少陵,王广陵——知道这个人么?——梅宛陵;二谷:李昌谷、黄山谷;四山:李义山、王半山、陈后山、元遗山;可是只有一原:陈散原。”说时,翘着左手大拇指。鸿渐懦怯地问道:“不能添个‘坡’么?”

"苏东坡，他差一点。"

鸿渐咋舌不下，想东坡的诗还不入他法眼，这人做的诗不知怎样好法，便问他要刚才写的诗来看。苏小姐知道斜川写了诗，也向他讨，因为只有做旧诗的人敢说不看新诗，做新诗的人从不肯说不懂旧诗的。斜川把四五张纸，分发同席，傲然靠在椅背上，但觉得这些人都不懂诗，决不能领略他句法的妙处，就是赞美也不会亲切中肯。这时候，他等待他们的恭维，同时知道这恭维不会满足自己，仿佛鸦片瘾发的时候只找到一包香烟的心理。纸上写着七八首近体诗，格调很老成。辞军事参赞回国那首诗有："好赋归来看妇靥，大惭名字止儿啼"；愤慨中日战事的诗有："直疑天尚醉，欲与日偕亡"；此外还有："清风不必一钱买，快雨瑞宜万户封"；"石齿漱寒濑，松涛泻夕风"；"未许避人思避世，独扶残醉赏残花"。可是有几句像："泼眼空明供睡鸭，蟠胸秘怪媚潜虬"；"数子提携寻旧迹，哀芦苦竹照凄悲"；"秋气身轻一雁过，鬓丝摇影万鸦窥"；意思非常晦涩。鸿渐没读过《散原精舍诗》，还竭力思索这些字句的来源。他想芦竹并没起火，照东西不甚可能，何况"凄悲"是探海灯都照不见的。"数子"明明指朋友并非小孩子，朋友怎可以"提携"？一万只乌鸦看中诗人几根白头发，难道"乱发如鸦窠"，要宿在他头上？心里疑惑，不敢发问，怕斜川笑自己外行人不通。

大家照例称好，斜川客气地淡漠，仿佛领袖受民众欢迎时的表情。辛楣对鸿渐道："你也写几首出来，让我们开开眼界。"鸿渐极口说不会做诗。斜川说鸿渐真的不会做诗，倒不必勉强。辛楣道："那么，大家喝一大杯，把斜川兄的好诗下酒。"鸿渐要喉舌两关不留难这口酒，溜税似地直咽下去，只觉胃里的东西给这口酒酸得要冒上来，好比已塞的抽水马桶又经人抽一下水的景象。忙搁下杯子，咬紧牙齿，用坚强的意志压住这阵泛溢。

（二）名家眼中的钱钟书

记钱钟书与《围城》（节选）

杨 绛[①]

钟书一出世就由他伯父抱去抚养，因为伯父没有儿子。据钱家的"坟上风文"，不旺长房旺小房；长房往往没有子息，便有，也没出息，伯父就是"没出息"的长子。他比

① 杨绛（1911—2016），中国现代翻译家、文学家。

钟书的父亲大十四岁，二伯父早亡，他父亲行三，叔父行四，两人是同胞双生，钟书是长孙，出嗣给长房。

钟书周岁“抓周”，抓了一本书，因此取名“钟书”。钟书四岁（我纪年都用虚岁，因为钟书只记得虚岁，而钟书是阳历十一月下旬生的，所以周岁当减一岁或二岁）由伯父教他识字。伯父是慈母一般，钟书成天跟着他。伯父上茶馆，听说书，钟书都跟去。他父亲不便干涉，又怕惯坏了孩子，只好建议及早把孩子送入小学。钟书六岁入秦氏小学。现在他看到人家大讲“比较文学”，就记起小学里造句“狗比猫大，牛比羊大”；有个同学比来比去，只是“狗比狗大，狗比狗小”，挨了老师一顿骂。他上学不到半年，生了一场病，伯父舍不得他上学，借此让他停学在家。他七岁，和比他小半岁的堂弟钟韩同在亲戚家的私塾附学，他念《毛诗》，钟韩念《尔雅》。但附学不便，一年后他和钟韩都在家由伯父教。伯父对钟书的父亲和叔父说：“你们两兄弟都是我启蒙的，我还教不了他们?”父亲和叔父当然不敢反对。

钟书和钟韩跟伯父读书，只在下午上课。他父亲和叔父都有职业，家务由伯父经管。每天早上，伯父上茶馆喝茶，料理杂务，或和熟人聊天。钟书总跟着去。伯父化一个铜板给他买一个大酥饼吃（据钟书比给我看，那个酥饼有饭碗口大小，不知是真有那么大，还是小儿心目中的饼大）；又化两个铜板，向小书铺子或书摊租一本小说给他看。家里的小说只有《西游记》《水浒》《三国演义》等正经小说。钟书在家里已开始囫囵吞枣地阅读这类小说，把“獃子”读如“豈子”，也不知《西游记》里的“獃子”就是猪八戒。书摊上租来的《说唐》《济公传》《七侠五义》之类是不登大雅的，家里不藏。钟书吃了酥饼就孜孜看书，直到伯父叫他回家。回家后便手舞足蹈向两个弟弟演说他刚看的小说：李元霸或裴元庆或杨林（我记不清）一锤子把对手的枪打得弯弯曲曲等等。他纳闷儿的是，一条好汉只能在一本书里称雄。关公若进了《说唐》，他的青龙偃月刀只有八十斤重，怎敌得李元霸的那一对八百斤重的锤头子；李元霸若进了《西游记》，怎敌得过孙行者的一万三千斤的金箍棒（我们在牛津时，他和我讲哪条好汉使哪种兵器，重多少斤，历历如数家珍）。妙的是他能把各件兵器的斤两记得烂熟，却连阿拉伯数字的1、2、3都不认识。他父亲不敢得罪哥哥，只好伺机把钟书抓去教他数学；教不会，发狠要打又怕哥哥听见，只好拧肉，不许钟书哭。钟书身上一块青、一块紫，晚上脱掉衣服，伯父发现了不免心疼气恼。钟书和我讲起旧事，对父亲的着急不胜同情，对伯父的气恼也不胜同情，对自己的忍痛不敢哭当然也同情，但回忆中只觉得滑稽又可怜。我笑说：痛打也许能打得“豁然开通”，拧，大约是把窍门拧塞了。钟书考大学，数学只考得十五分。

钟书十一岁，和钟韩同考取东林小学一年级，那是四年制的高等小学。就在那年秋天，伯父去世。钟书还未放学，经家人召回，一路哭着赶回家去，哭叫“伯伯”，伯父已不省人事。这是他生平第一次遭受的伤心事。

伯父去世后，伯母除掉长房应有的月钱以外，其他费用就全由钟书父亲负担了。伯母娘家败得很快，兄弟先后去世，家里的大货船逐渐卖光。钟书的学费、书费当然有他父亲负担，可是学期中间往往添买新课本，钟书没钱买，就没有书；再加他小时候贪看书摊上伯父为他租的小字书，看坏了眼睛，坐在教室后排，看不见老师黑板上写的字，所以课堂上老师讲什么，他茫无所知。练习簿买不起，他就用伯父生前亲手用毛边纸、纸捻子为他钉成的本子，老师看了直皱眉。练习英文书法用钢笔。他在开学的时候有一支笔杆、一个钢笔尖，可是不久笔尖撅断了头。同学都有许多笔尖，他只有一个，断了头就没法写了。他居然急中生智，把毛竹筷削尖了头蘸着墨水写，当然写得一塌糊涂，老师简直不愿意收他的练习簿。

我问钟书为什么不问父亲要钱。他说，从来没想到过。有时伯母叫他向父亲要钱，他也不说。伯母抽大烟，早上起得晚，钟书由伯母的陪嫁大丫头热些馊粥吃了上学。他同学、他弟弟都穿洋袜，他还穿布袜，自己觉得脚背上有一条拼缝很刺眼，只希望穿上棉鞋可遮掩不见。雨天，同学和弟弟穿皮鞋，他穿钉鞋，而且是伯伯的钉鞋，太大，鞋头塞些纸团。一次雨天上学，路上看见许多小青蛙满地蹦跳，觉得好玩，就脱了鞋捉来放在鞋里，抱着鞋光脚上学；到了教室里，把盛着小青蛙的钉鞋放在抬板桌下。上课的时候，小青蛙从鞋里出来，满地蹦跳。同学都忙着看青蛙，窃窃笑乐。老师问出因由，知道青蛙是从钟书鞋里出来的，就叫他出来罚立。有一次他上课玩弹弓，用小泥丸弹人。中弹的同学嚷出来，老师又叫他罚立。可是他混混沌沌，并不觉得羞惭。他和我讲起旧事常说，那时候幸亏糊涂，也不觉得什么苦恼。

钟书跟我讲，小时候大人哄他说，伯母抱来一个南瓜，成了精，就是他；他真有点儿怕自己是南瓜精。那时候他伯父已经去世，“南瓜精”是舅妈、姨妈等晚上坐在他伯母鸦片榻畔闲谈时逗他的，还正色嘱咐他切莫告诉他母亲。钟书也怀疑是哄他，可是真有点耽心。他自说混沌，恐怕是事实。这也是家人所谓“痴气”的表现之一。

他有些混沌表现，至今依然如故。例如他总记不得自己的生年月日。小时候他不会分辨左右，好在那时候穿布鞋，不分左右脚。后来他和钟韩同到苏州上美国教会中学的时候，穿了皮鞋，他仍然不分左右乱穿。在美国人办的学校里，上体育课也用英语喊口号。他因为英文好，当上了一名班长。可是嘴里能用英语喊口号，两脚却左右不分；因此只当了两个星期的班长就给老师罢了官，他也如释重负。他穿内衣或套脖的毛衣，往往前后颠倒，衣服套在脖子上只顾前后掉转，结果还是前后颠倒了。或许这也是钱家人说他“痴”的又一表现。

钟书小时最喜欢玩“石屋里的和尚”。我听他讲得津津有味，以为是什么有趣的游戏；原来只是一人盘腿坐在帐子里，放下帐门，披着一条被单，就是“石屋里的和尚”。我不懂那有什么好玩。他说好玩得很；晚上伯父伯母叫他早睡，他不肯，就玩“石屋里的和尚”，玩得很乐。所谓“玩”，不过是一个人盘腿坐着自言自语。这大概也算是“痴气”吧。

钟书十四岁和钟韩同考上苏州桃坞中学（美国圣公会办的学校）。父母为他置备了行装，学费、书费之外，还有零用钱。他就和钟韩同往苏州上学，他功课都还不错，只算术不行。

钟书二十岁伯母去世。那年他考上清华大学，秋季就到北京上学。他父亲收藏的“先儿家书”是那时候开始的。他父亲身后，钟书才知道父亲把他的每一封信都贴在本子上珍藏。信写得非常有趣，对老师、同学都有生动的描写。

钟书小时候，中药房卖的草药每一味都有两层纸包裹；一张白纸，一张印着药名和药性。每服一付药可攒下一叠包药的纸。这种纸干净、吸水，钟书大约八、九岁左右常用包药纸来临摹他伯父藏的《芥子园画谱》，或印在《唐诗三百首》里的“诗中之画”。他为自己想出一个别号叫“项昂之”——因为他佩服项羽，“昂之”是他想象中项羽的气概。他在每幅画上挥笔署上“项昂之”的大名，得意非凡。他大约常有“项昂之”的兴趣，只恨不善画。他曾央求当时在中学读书的女儿为他临摹过几幅有名的西洋淘气画，其中一幅是《魔鬼临去遗臭图》（图名是我杜撰），魔鬼像吹喇叭似的后部撒着气逃跑，画很妙。央女儿代摹《魔鬼遗臭图》，想来也是“痴气”的表现。

钟书的“痴气”书本里灌注不下，还洋溢出来。我们在牛津时，他午睡，我临帖，可是一个人写写字困上来，便睡着了。他醒来见我睡了，就饱蘸浓墨，想给我画个花脸。可是他刚落笔我就醒了。他没想到我的脸皮比宣纸还吃墨，洗净墨痕，脸皮像纸一样快洗破了，以后他不再恶作剧，只给我画了一幅肖像，上面再添上眼镜和胡子，聊以过瘾。回国后他暑假回上海，大热天女儿熟睡（女儿还是娃娃呢），他在她肚子上画一个大脸，挨他母亲一顿训斥，他不敢再画。沦陷在上海的时候，他多余的“痴气”往往发泄在叔父的小儿小女、孙儿孙女和自己的女儿阿圆身上。这一串孩子挨肩儿都相差两岁，常在一起玩。有些语言在“不文明”或“臭”的边缘上，他们很懂事似的注意避忌。钟书变着法儿，或作手势，或用切口，诱他们说出来，就赖他们说“坏话”。于是一群孩子围着他吵呀，打呀，闹个没完。他虽然挨了围攻，还俨然以胜利者自居。他逗女儿玩，每天临睡在她被窝里埋置“地雷”，埋得一层深入一层，把大大小小的各种玩具、镜子、刷子，甚至砚台或大把的毛笔都埋进去，等女儿惊叫，他就得意大乐。女儿临睡必定小心搜查一遍，把被里的东西一一取出。钟书恨不得把扫帚、畚箕都塞入女儿被窝，博取一遭意外的胜利。这种玩意儿天天玩也没多大意思，可是钟书百玩不厌。

他又对女儿说，《围城》里有个丑孩子，就是她。阿圆信以为真，却也并不计较。他写了一个开头的《百合心》里，有个女孩子穿一件紫红毛衣，钟书告诉阿圆那是个最讨厌的孩子，也就是她。阿圆大上心事，怕爸爸冤枉她，每天找他的稿子偷看，钟书就把稿子每天换个地方藏起来。一个藏，一个找，成了捉迷藏式的游戏。后来连我都不知道稿子藏到那里去了。

我认为《管锥编》《谈艺录》的作者是个好学深思的钟书，《槐聚诗存》的作者是个“忧世伤生”的钟书，《围城》的作者呢，就是个“痴气”旺盛的钟书。我们俩日常相处，他常爱说些痴话，说些傻话，然后再加上创造，加上联想，加上夸张，我常能从中体味到《围城》的笔法。我觉得《围城》里的人物和情节，都凭他那股子痴气，呵成了真人实事。可是他毕竟不是个不知世事的痴人，也毕竟不是对社会现象漠不关心，所以小说里各个细节虽然令人捧腹大笑，全书的气氛，正如小说结尾所说：“包涵对人生的讽刺和伤感，深于一切语言、一切啼笑”，令人回肠荡气。

《围城》重印后，我问他想不想再写小说。他说：“兴致也许还有，才气已与年俱减。要想写作而没有可能，那只会有遗恨；有条件写作而写出来的不成东西，那就只有后悔了。遗恨里还有哄骗自已的余地，后悔是你所学的西班牙语里所谓‘面对真理的时刻’，使不得一点儿自我哄骗、开脱、或宽容的，味道不好受。我宁恨毋悔。”这几句话也许可作《围城》《重印前记》的笺注吧。

我自己觉得年纪老了；有些事，除了我们俩，没有别人知道。我要乘我们夫妇都健在，一一记下。如有错误，他可以指出，我可以改正。《围城》里写的全是捏造，我所记的却全是事实。

一九八五年十二月

王　国　维

（一）王国维作品

《人间词话》十则

王国维[①]

（一）

词以境界为最上。有境界，则自成高格，自有名句。五代[②]、北宋之词所以独绝者在此。

（二）

有造境，有写境，此“理想”与“写实”二派之所由分。然二者颇难分别，因大诗人所造之境必合乎自然，所写之境亦必邻于理想故也。

（三）

有“有我之境”，有“无我之境”。“泪眼问花花不语，乱红飞过秋千去”[③]，“可堪孤馆闭春寒，杜鹃声里斜阳暮”[④]，有我之境也。“采菊东篱下，悠然见南山”[⑤]，“寒波澹澹起，白鸟悠悠下”[⑥]，无我之境也。有我之境，以我观物，故物皆著我之色彩。无我之境，以物观物，故不知何者为我，何者为物。古人为词，写有我之境者为多。然未始不能写无我之境，此在豪杰之士能自树立耳。

（四）

无我之境，人惟于静中得之。有我之境，于由动之静时得之。故一优美，一宏

---

① 王国维（1877—1927），中国近代著名学者。

② 五代是指公元 907 年唐朝灭亡后依次更替的位于中原地区的五个政权，即后梁、后唐、后晋、后汉与后周。公元 960 年，赵匡胤篡后周建立北宋，五代结束。

③ 出自冯延巳《鹊踏枝》：“庭院深深深几许？杨柳堆烟，帘幕无重数。玉勒雕鞍游冶处，楼高不见章台路。雨横风狂三月暮，门掩黄昏，无计留春住。泪眼问花花不语，乱红飞过秋千去。”（一说此词为欧阳修所写《蝶恋花》）

④ 出自秦观《踏莎行·郴州旅舍》：“雾失楼台，月迷津渡，桃源望断无寻处。可堪孤馆闭春寒，杜鹃声里斜阳暮。驿寄梅花，鱼传尺素，砌成此恨无重数。郴江幸自绕郴山，为谁流下潇湘去！”

⑤ 出自陶潜《饮酒诗》第五首：“结庐在人境，而无车马喧。问君何能尔，心远地自偏。采菊东篱下，悠然见南山。山气日夕佳，飞鸟相与还。此中有真意，欲辨已忘言。”

⑥ 出自元好问《颍亭留别》：“故人重分携，临流驻归驾。乾坤展清眺，万景若相借。北风三日雪，太素秉元化。九山郁峥嵘，了不受陵跨。寒波澹澹起，白鸟悠悠下。怀归人自急，物态本闲暇。壶觞负吟啸，尘土足悲咤。回首亭中人，平林淡如画。”

壮也。

（五）

境非独谓景物也，喜怒哀乐亦人心中之一境界。故能写真景物真感情者，谓之有境界。否则谓之无境界。

（六）

“红杏枝头春意闹”[①]，着一“闹”字而境界全出；“云破月来花弄影”[②]，着一“弄”字而境界全出矣。

（七）

古今之成大事业、大学问者，必经过三种之境界。“昨夜西风凋碧树，独上高楼，望尽天涯路”[③]，此第一境也。“衣带渐宽终不悔，为伊消得人憔悴”[④]，此第二境也。“众里寻他千百度，蓦然回首，那人却在，灯火阑珊处”[⑤]，此第三境也。此等语皆非大词人不能道。然遽以此意解释诸词，恐晏、欧[⑥]诸公所不许也。

（八）

东坡之词旷，稼轩之词豪[⑦]。无二人之胸襟而学其词，犹东施之效捧心[⑧]也。

（九）

大家之作，其言情也必沁人心脾，其写景也必豁人耳目，其词脱口而出，无娇揉

---

① 出自宋祁《玉楼春(木兰花)》(春景)：“东城渐觉风光好，縠皱波纹迎客棹。绿杨烟外晓寒轻，红杏枝头春意闹。浮生长恨欢娱少，肯爱千金轻一笑。为君持酒劝斜阳，且向花间留晚照。”

② 出自张先《天仙子》(时为嘉禾小倅，以病眠，不赴府会)：“水调数声持酒听，午醉醒来愁未醒。送春春去几时回？临晚境，伤流景，往事后期空记省。沙上并禽池上暝，云破月来花弄影。重重帘幕密遮灯，风不定，人初静，明日落红应满径。”

③ 出自晏殊《蝶恋花》：“槛菊愁烟兰泣露。罗幕轻寒，燕子双飞去。明月不谙离恨苦，斜光到晓穿朱户。昨夜西风凋碧树。独上高楼，望尽天涯路。欲寄彩笺兼尺素，山长水阔知何处。”

④ 出自柳永《凤栖梧》：“伫倚危楼风细细。望极春愁，黯黯生天际。草色烟光残照里。无言谁会凭栏意。拟把疏狂图一醉，对酒当歌，强乐还无味。衣带渐宽终不悔，为伊消得人憔悴。”一说为欧阳修所作《蝶恋花》“独倚危楼风细细，望极离愁，黯黯生天际。草色山光残照里。无人会得凭栏意。也拟疏狂图一醉，对酒当歌，强饮还无味。衣带渐宽都不悔，况伊消得人憔悴。”

⑤ 出自辛弃疾《青玉案》(元夕)：“东风夜放花千树。更吹落、星如雨。宝马雕车香满路，凤箫声动，玉壶光转，一夜鱼龙舞。蛾儿雪柳黄金缕，笑语盈盈暗香去。众里寻它千百度。蓦然回首，那人却在，灯火阑珊处。”

⑥ 晏、欧：指晏殊和欧阳修。

⑦ 东坡、稼轩：指宋朝词人苏轼、辛弃疾。

⑧ 指东施效颦：“西施病心而颦其里，其里之丑人见之而美之，归亦捧心而颦其里。其里之富人见之，坚闭门而不出；贫人见之，挈妻子而去之走。彼知颦美而不知颦之所以美。”比喻模仿别人，不但模仿不好，反而出丑。有时也作自谦之词，表示自己根底差，学别人的长处没有学到家。

妆束之态。以其所见者真，所知者深也。诗词皆然。持此以衡古今之作者，可无大误矣。

（十）

诗人对宇宙人生，须入乎其内，又须出乎其外。入乎其内，故能写之；出乎其外，故能观之。入乎其内，故有生气；出乎其外，故有高致。美成能入而不能出，白石[①]以降，于此二事皆未梦见。

（二）名家眼中的王国维

《海宁王静安先生纪念碑》碑文

陈寅恪[②]

海宁王先生自沉[③]后二年，清华研究院同人咸怀思不能自已。其弟子受先生之陶冶煦育者有年，尤思有以永其念。佥[④]曰，宜铭之贞珉[⑤]，以昭示于无竟。因以刻石之词命寅恪，数辞不获已，谨举先生之志事，以普告天下后世。其词曰：

士之读书治学，盖将以脱心志于俗谛之桎梏[⑥]，真理因得以发扬。思想而不自由，毋宁死耳。斯古今仁圣所同殉之精义，夫岂庸鄙之敢望？先生以一死见其独立自由之意志，非所论于一人之恩怨，一姓[⑦]之兴亡。呜呼！树兹石于讲舍，系哀思而不忘。表哲人之奇节，诉真宰之茫茫。来世不可知者也，先生之著述，或有时而不章[⑧]；先生之学说，或有时而可商[⑨]，惟此独立之精神，自由之思想，历千万祀[⑩]，与天壤而同久，共三光[⑪]而永光。

（陈寅恪《金明馆丛稿二编》，上海古籍出版社，1980年版）

---

① 白石：指姜夔(1154—1221)，字尧章，号白石道人。南宋文学家、音乐家。多才多艺，精通音律，能自度曲。

② 陈寅恪(1890—1969)，中国现代史学家，清华学校研究院(国学门)四大导师之一。

③ 自沉：指王国维投湖自尽。

④ 佥(qiān)：全，都。

⑤ 贞珉(mín)：石刻碑铭的美称。贞，坚定，有节操。珉，像玉的石头。

⑥ 桎梏(zhìgù)：中国古代的刑具，在足曰桎，在手曰梏，类似于现代的手铐、脚镣。引申为枷锁、束缚、压制之意。

⑦ 姓：这里特指朝代。

⑧ 章：同“彰”，彰显。

⑨ 商：商榷，争议。

⑩ 祀(sì)：指年代。

⑪ 三光：指日、月、星。

【附】

海宁王静安先生纪念碑

碑主王国维(1877 年 12 月 3 日—1927 年 6 月 2 日),浙江省海宁人。初名国桢,后改国维,字静庵(安),又字伯隅,号人间、礼堂、观堂、永观、东海愚公等,谥忠悫。清华大学研究院(国学门)四大导师之一,著名学者。

此碑位于清华大学校园内工字厅东南侧,1929 年立,碑身高七尺。碑式为梁思成设计。碑阳(正面)题“海宁王静安先生纪念碑”十个大字,碑阴(反面)为陈寅恪所撰碑文。碑文由林志钧书写,马衡篆额。

闻　一　多

（一）闻一多作品

死　　水

闻一多[1]

这是一沟绝望的死水，
清风吹不起半点漪沦。
不如多扔些破铜烂铁，
爽性泼你的剩菜残羹。

也许铜的要绿成翡翠，
铁罐上锈出几瓣桃花；
再让油腻织一层罗绮，
霉菌给他蒸出些云霞。

让死水酵成一沟绿酒，
漂满了珍珠似的白沫；
小珠们笑声变成大珠，
又被偷酒的花蚊咬破。

那么一沟绝望的死水，
也就夸得上几分鲜明。
如果青蛙耐不住寂寞，
又算死水叫出了歌声。

这是一沟绝望的死水，
这里断不是美的所在，
不如让给丑恶来开垦，
看他造出个什么世界。

---

① 闻一多(1899—1946)，中国现代著名学者、诗人。

（二）名家眼中的闻一多

一包热情的闻一多先生

何兆武[①]

一个人的性格或者思想大多初步觉醒于十二三岁，等到二十四五岁思想定型，形成比较成熟、确定的人生观、世界观，此后或许能有纵深的发展或者细节上的改变，但是不是还可以有本质的改变，我想是非常罕见的。闻一多先生早年追求纯粹的美，后来成为民主斗士，旁人看来似乎有非常巨大而彻底的思想转变，但我以为那不过是一些表面的变化。在这一点上，我同意 Robert Winter 先生的话。Winter 先生是闻先生多年的好友，1945 年民主运动的时候，他的当代文学批评课只有我和徐钟尧学长两个人上。一次 Winter 先生和我们谈起闻先生，说："他（闻一多）就是一包热情。"接着又摇摇头，"不过搞政治可不能单凭一包热情啊。"言下似有惋惜之意。

Winter 先生的这句评价非常中肯。闻先生是个热情的人，早年追求唯美是一团热情，后来和梁实秋、罗隆基参加右派组织，搞国家主义，其实也是一团热情。西安事变爆发后，闻先生拥蒋反对张学良，在教授会上痛斥："怎么能够劫持统帅?!"当时很多人都有那种感觉，如果真杀了蒋介石，肯定要发生内战，岂不给日本制造了机会？所以西安事变的时候很多人都指责张学良，称之为"劫持统帅"，等到他把蒋介石送回南京，当天的《世界日报》——当时北京最大的报纸，头版大标题就是"委座出险，举国欢忭"。第二天，北京的右派学生还举行了游行，也是声势浩大的，成立了一个"北京市学生联合会"，叫"新学联"，区别于"一二·九"时成立的左派学联，并且发出邀请，希望能合并成一个学联。至于是否真正联合，我不记得了，不过至少抗战刚开头的时候，左派、右派间并不是很尖锐的。及至 40 年代，生活艰苦了，闻先生亲身感受到了国民党政权的腐败和黑暗，又满腔热忱地投入民主运动。闻先生晚年讲诗（其实那时候他还不到五十岁），有一首初唐诗人张若虚的《春江花月夜》他特别欣赏，在他的《宫体诗的自赎》一文中，曾把这首诗评价为"诗中的诗，顶峰上的顶峰"。当然这首诗写得的确很美，我也非常欣赏，不过除了浓厚的唯美倾向，却带有几分人生幻灭、虚无颓唐的味道，好像和他民主斗士的形象不大合拍。所以我以为，闻先生的思想主潮早年和晚年是一以贯之的，本质上还是个诗人，对美有特别的感受，而且从始至终都是一包热情，一生

---

① 何兆武，中国当代学者、史学家、翻译家。

未曾改变过。现在不是有很多人在讨论：如果鲁迅活着会怎么样？其实同样可以问：如果闻一多活着会怎么样？仅凭一包热情，恐怕也不会畅行无阻，我这么想。

闻先生那一辈人的旧学根底非常之好，可他同时又是极端反传统的。社会转型时期，有的人唯恐中国的旧文化不存在了，拼命维护，还有一种人，认为传统的东西束缚中国人太久了，中国要进入新的时代，就要彻底抛弃，全面创造新文化，闻先生、鲁迅、胡适都属于这种人。鲁迅激烈反对中国的旧文化，甚至提出不看中国书，《狂人日记》里宣称：什么“仁义道德”，满书都写着血淋淋的“吃人”两个字。闻先生在这一点上跟鲁迅非常相像。在搞民主运动的时候，他在课堂上对我们说：“你们是从外面打进来，我从里边杀出去，我们里外合应，把传统的腐朽文化推翻！”意思是说：青年学子没有受过中国传统文化的毒害，所以你们须从外部推翻它；我是受过这个教育的，所以我现在要反对它，从里边杀出来与你们合作。我想这代表他当时真实的思想情况，虽然他研究的是中国传统文化，但他并不赞成。

另外还有一点我要保留意见。现在很多文章总是特别强调闻先生生活穷困的一面，比如联大时期闻先生给别人刻图章，现在都说成是他生活所迫，不得已，我觉得也不单是这样。闻先生早年是搞美术的，又会绘画，又会雕刻，现在北大西门一进门的地方有座西南联大纪念碑，上面的篆字就是闻一多写的，落款“中文系教授闻一多篆额”，写得非常好，而且只有公认的大手笔才有资格题这个篆额。所以，搞美术乃是闻先生的本行，写字、篆刻都是他的专业。当然他也是因为贫困，挣点钱补贴家用，但如果过分强调生活所迫的一面，刻字竟成了他不务正业的谋生手段，不免有些过分渲染的味道。

（节选自何兆武《上学记》）

【附】

闻亭

闻一多像后的文字：诗人主要的天赋是爱，爱他的祖国，爱他的人民。

闻亭位于大礼堂西侧闻一多雕像后的土山上，是一座古式六角亭。闻亭原为一座古亭，建校初即有之，为号令全校作息而设。七七事变后，清华园落入日寇之手，校园惨遭破坏，钟亭被毁，亭内大钟被日寇掠走，下落不明。抗战胜利后，学校北上复校，为了纪念在昆明遇害的闻一多先生，特将钟亭命名为“闻亭”。

邓 稼 先

（一）《邓稼先传》

《邓稼先传》①（节选）

1986年7月15日，万里代总理到医院看望邓稼先的时候，告诉他国务院决定将全国劳动模范称号授予他，这是“七五”计划期间的第一个全国劳模。两天后，李鹏副总理来到病房授予他全国劳模的奖章和证书。邓稼先服了加倍的止痛药，吃力地表达了他对党和国家的谢意，诚恳地说出了他一贯的最真实的看法。

下面是邓稼先这次讲话手稿原件。时间是1986年7月17日，距离他逝世只有12天。手稿的全文是：

昨天，万里代总理到医院看望我，今天，李鹏副总理亲临医院授予全国劳动模范

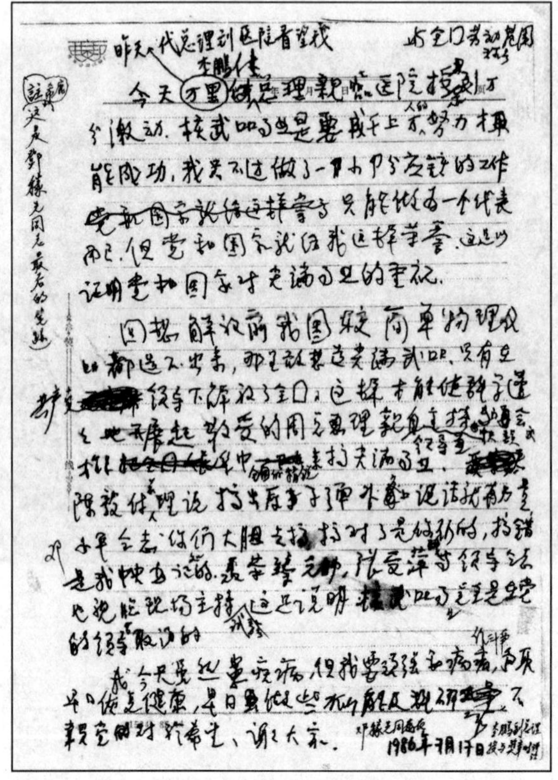

邓稼先发言稿手迹

① 《邓稼先传》，许鹿希等著。许鹿希，邓稼先夫人。

称号，感到万分激动。核武器事业是要成千上万人的努力才能成功，我只不过做了一小部分应该的工作，只能作一个代表而已。但党和国家就给我这样的荣誉，这足以证明党和国家对尖端事业的重视。

回想解放前，我国连较简单的物理仪器都造不出来，哪里敢想造尖端武器。只有在共产党领导下解放了全国，这样才能使科学蓬勃地开展起来。敬爱的周总理亲自领导并主持中央专门委员会，才能集中全国的精锐来搞尖端事业。陈毅副总理说，搞出原子弹，外交上说话就有力量。邓小平同志说，你们大胆去搞，搞对了是你们的，搞错了是我中央书记处的。聂荣臻元帅、张爱萍等领导同志也亲临现场主持试验，这足以说明核武器事业完全是在党的领导下取得的。

我今天虽然患疾病，但我要顽强地和病痛做斗争，争取早日恢复健康，早日做些力所能及的科研工作，不辜负党对于我的希望。谢谢大家。

1986年3月，在医院，邓稼先用手比画中国第一颗原子弹的大小

1986年3月，在医院，邓稼先用手比画中国第一颗氢弹的大小

（二）清华学生眼中的邓稼先

《马兰花开》（节选）

清华大学艺术团话剧队集体创作

第九场　大漠英雄

时间：20世纪60年代末某次氢弹试验

地点：罗布泊

人物：邓稼先(约 45 岁)

走向成熟的小高等同事们

小道具：4 个本子、防辐射服

【高潮中的第二遍“马兰花，默默绽放荒野”的时候众人开始上台，放完一整遍后，起音效：仪器“滴滴”声响起。】

周光召：(面向观众开始讲述)原子弹爆炸成功后，中国加快了向氢弹进军的步伐。邓稼先主持我国氢弹研究的理论设计工作，和于敏等科学家一起，将我国的核武器事业推上了第二座高峰。

从第一颗原子弹爆炸到氢弹爆炸，美国用了 7 年零 4 个月。苏联用了 4 年，而中国的科学家们，只用了 2 年零 8 个月。

在我国最早的 32 次核试验中，邓稼先就在现场主持过 15 次。

【放准备音效】

周光召：飞行员。

众人：准备就绪！

小高：一切正常，将按预定零时准时投弹。

周光召：现在开始投弹！十、九、八、七、六、五、四、三、二、一，投弹！

【起音乐】

【邓稼先随音乐走上台表情严肃目视前方。】

邓稼先：我是邓稼先！请各部门按顺序汇报情况。

【汇报人转身】

飞行员 4：报告，飞行员确认到达投弹区域！

飞行员 3：报告，飞行员确认已准时投放！

飞行员 6：报告，飞行员确认投放无误！

【一个异样的声音响起。】

【飞行员依次转身。】

飞行员(依次)：报告！

周光召：不好了，老邓！未检测到核弹爆炸信号！

邓稼先：什么?！继续监测！

飞行员 5：报告！

邓稼先：快讲！

飞行员 5：弹体下落不明！

众人：什么?!

邓稼先：什么?!

众人：弹体下落不明?

邓稼先：立即按预案搜索各试验场区，确认弹体可能着陆区域！

【起音效】

【停音效】

【短暂的钟表音效】

飞行员 1：1 号场区未检测到高辐射水平！

飞行员 2：2 号场区未检测到高辐射水平！

飞行员 3：3 号场区未检测到高辐射水平！

飞行员 4：4 号场区未检测到高辐射水平！

飞行员 5：5 号场区未检测到高辐射水平！

飞行员 6：6 号场区未检测到高辐射水平！

飞行员 7：报告——！7 号场区检测到高辐射水平，弹体可能掉落在此区域！

【短暂的钟表音效】

邓稼先：小高！

小高：到！

邓稼先：给我接司令员！

小高：是！

邓稼先：司令员同志，我是邓稼先。7 号场区监测到高辐射水平，弹体可能掉落在此区域，现在情况非常危急，建议立即下令保持一级警戒状态，防止任何人误入实验靶区。请您放心，弹体我一定找回来。小高！

小高：到！

邓稼先：通知车队，马上出发！

众人：走！【大钢铁和小高不约而同地向外走，邓稼先大声喝住。】

邓稼先：站住！你们干什么去?

大钢铁：找弹头！

众人：去 7 号场区！

邓稼先：你们今天都要留下，我去。

小高：老邓，你是总负责人，这里需要你坐镇，我们去！

众人：我们去！

邓稼先：胡闹！安全钥匙在我手上，我必须去。目前核弹的状态不清楚，下一秒都有可能发生危险。你们今天谁都不许去！小辣椒！把防辐射服给我拿来！（见小辣椒不去）快去！

【小辣椒不情愿地去拿防辐射服，老邓转身要走，大钢铁带领众人拦住他。】

众人：老邓！

大钢铁：老邓！核弹可能爆炸，（合）危险哪！

小高：老邓，我知道你在担心什么，你担心如果弹体摔裂了，核辐射会外泄。

小张：（焦急地）老邓，那剂量可是夺命的哪！

大钢铁：老邓，我身体好我结实，让我去吧！

小张：我年轻，我也去！

众人：（此起彼伏）我去！

大钢铁：老邓你就让我去吧！

众人：让我们去吧！

【渐起音乐】

邓稼先：不行！你们都还年轻。

小高：老邓，核事业离不开你！你一个老邓，比我十个小高、百个小高更重要。老邓，你放心，我保证找到核弹，中国不能没有你，让我去吧！

小辣椒：（走上前，也带着哭腔）老邓，你是我们的带头人，是我们的主心骨，我们不能没有你，以后还需要你领着我们继续干呀，万一……老邓，你再考虑考虑吧……

【众人此起彼伏请令要去。】

邓稼先：别争了！所有人都立即回到各自工作岗位，保持监测状态，这是命令！小高，小辣椒，我命令你们把防辐射服给我穿上！快！

【音乐渐强，邓稼先走到台中，穿上防辐射服。】

大钢铁：老邓，你家里有妻子有儿女，就让我去吧！

小高：老邓，你就不顾及自己的身体了吗？还是让我们去吧！

众人：老邓！

【换柔和音乐。背景幕布是一片黄沙，间或夹杂着一两丛马兰花，山峦起伏。邓稼先穿着防辐射服在景片间穿梭，艰难地与景片所代表的风沙拼搏，最后来到乐池的沙

中。弯腰寻找，出现红光；紧张地处理，红光渐灭。抬起身来，显出疲惫。】

【同时喷洒干冰，形成浓雾。】

【小高等人陆续又上，在景片附近，配合邓稼先的动作讲述寻找和检查弹片的情况。】

【背景从恶劣的天气变得风和日丽。邓稼先慢慢走向舞台后方。小高等 4 位讲述人站成一排，默默地肃立着，注目凝视邓稼先。】

邓稼先：（站住，慢慢回身，面对观众虚弱但欣慰地笑。画外音。）要是能做好了这件事，我这一生就过得很有意义，为了它，死了都值得。

学习任务

一、词语积累。 摘录喜欢的词语，工整地抄写在表格内。

1．老师推荐

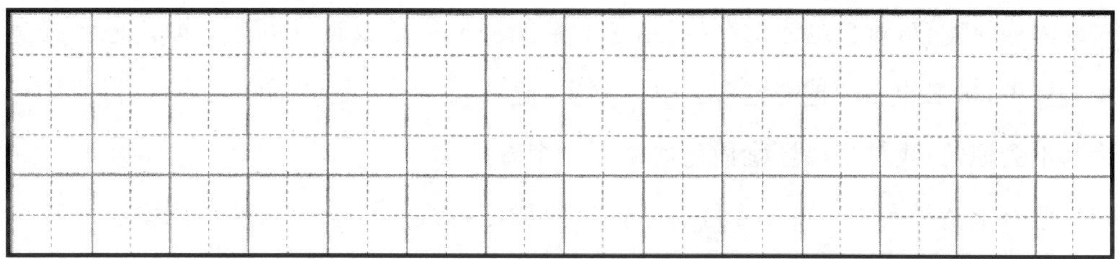

（初 1403 班　邓芮萱）

2．我的选择

二、批注留念。 边读书，边批注。 挑选一则最满意的批注，写入下表。

摘　录	批　注

三、 以读导写。 任选一题完成。

1．以“我所知道的清华人”为题，描写一个人物的某个侧面，300字左右。

【同学分享】

我是个土生土长的清华人，从小在这“不是读书的好地方”的学校学习，从小看着清华的学生、老师奔波忙碌，也明白了一点儿何为清华精神。我一直认为我爸诠释了清华精神。

他看起来憨憨的，不是那么精明的一个人。平时说话闷闷的，喜怒不形于色。轻易不张口，一看就知道不是什么能说会道的人。但也有例外，若跟他谈起科技或专业知识，他便像一个突然打开的话匣子，越讲越激动。

清华有句话，叫“行胜于言”，他就是这样的。虽然话不多，但干起活来，像要拼了命一样，他做事的那股拼劲，令人心服口服。他工作专注，听说我小时候经常在他办公桌下钻来钻去地吵闹，他依然能够专心地赶论文。

他没有一点心眼，上级安排的任务他自然是尽心尽力地做，学生让他帮忙的事情他也很上心。有时候各种事情都堆在一起，他忙得饭都没时间吃。有天晚上都快11点了，我让他早点睡，他点点头。半夜我起来上卫生间，发现客厅还亮着，他还在盯着电脑敲着键盘。我问：“论文还没写完啊？”他说：“写完了，就是几个学生的论文，叫我帮着看看改改。”我看了一眼钟，凌晨三点。我突然想起科比的那句话：“你见过凌晨四点的洛杉矶吗？”

清华校训是“自强不息，厚德载物”。我对这句话最初的理解，就是来自我爸。他对外人绝对宽容，对自己绝对严格，出了问题第一反应是找自身问题。即使他已经是个教授了，学习的书却越来越多。陷入书里，他可以一天就是读书学习，投入得好像什么都不会似的，我总是很怀疑他到底是不是个教授。

他身上清华人的认真和专注有幸遗传给我，但我还没“参透”，要做到像这位我所知道的清华人，我的路还很长。

（初1606班　诸葛雨薇）

【点评指导】

文章描写的是一位典型的清华教授的形象。在清华，“自强不息，厚德载物”的校训已经成为每个人生活中的行为标准。学生能够抓住自己父亲身上的特点进行集中描写，突出体现了“清华人”身上优秀的品质，富有感情，真挚动人。

2. 假如你穿越回到梁启超的时代，你想告诉先生，当代中国的社会面貌和国际地位与以往已经大不相同，你要对他讲些什么呢？请写一篇《说给梁启超的话》。

【同学分享】

梁启超先生，您好。虽然我不懂我怎么就能穿越了，但我敢肯定，在我所处的年代，中国正日益变强，国际地位正逐步上升。

中国早已不是什么中华民国了，先生，我们有了新中国，全称是中华人民共和国。中国共产党掌管着中国，在共产党的领导下，中国已经大不同了，先生。人们不用为了吃不饱而发愁，农民开心地在土地上耕作，每年的 GDP，也就是国民生产总值渐渐高升，现在的社会可谓是和谐一片。

我们造出了苏联和美国都有的核弹，有了更强大的军队，有了天上的飞机、下海的铁船，因为军事强大，中国再不用受到外国人的欺负了。

继您之后，中国也陆陆续续出现很多著名的作家，当中有一个还得了诺贝尔文学奖呢！

而您写的《少年中国说》，老师常常会讲，还让我们背，当中有一句话“少年富则国富，少年强则国强”。当年的少年，现在的少年，未来的少年，都在为了华夏民族，为了中国而努力着！

想必您，一定对这样的中国很满意吧！

（初 1607 班　许诗琳）

【点评指导】

学生的语言亲切大方，不落俗套，对中国的现状概括得当，针对梁启超先生当年提出来的问题，结合当下现实，进行了详细的解释说明。当然，作为一篇写给古人的信，还是应当更加注重措辞。另外，应该更加需要注意时间的变化，“现在的少年”应该指的是我们现代的少年吧。

四、 以评促思。 任选一题完成。

1. 读了以上各位清华大师的文章，你认为清华人身上应该具有哪些共性的精神？

【同学分享】

大多数人提起清华大学想到的只是名流大学，那么作为名流大学的学子，清华人是博学的。从这个校园中走出过许多知名人士，有读完图书馆书籍的钱钟书，有写了《人间词话》的王国维。进入这个校园，就需要有足够的学问。

爱国也是相当重要的品质。清华大学原来是一所留美预备学校，但大部分学生后来都回国发展。梁启超就是一个重要的爱国品质的发扬者，一篇气势磅礴的《少年中国说》，一场大气壮观的《论君子》演讲，清华学子的爱国情怀得以激发。

实际上，清华园是一个风景优美的园子，同样，在这个园子里读书的人也并不死板。去了解一下杨绛笔下“痴气”的钱钟书，清华人不只有坐在自习教室认真念书的形象，多了几分活泼与生气。梁启超在给学子们演讲前，也会调皮地说一句“启超没什么学问，可也有一点点”。

以上是我所了解的清华人的共性精神。

（初1606班　唐小潇）

【点评指导】

作业从学问、爱国、活泼三个方面总结了清华人的共性特点。文中也穿插列举了许多文章中的例子，如钱钟书的博学、梁启超的激情、杨绛夫妇的活泼等。评论写得层次分明，条理清楚，观点明确。美中不足的是梁启超的例子用得稍微有点多，换成邓稼先、闻一多等例子可能会更好。

2. 假如清华大学过去的老师（如梁启超、闻一多等）来到清华附中，你最希望谁来当你的班主任？说说你的理由。（出题人：初1606班　陆清宇）

【同学分享】

我个人希望钱钟书当我的班主任，主要是他有一定的知识素养。在杨绛的《记钱钟书与〈围城〉》中写道：“钟书的‘痴气’书本里灌注不下，还洋溢出来。”写出了钱钟书对知识的不懈追求和丰富深厚的涵养。钱钟书去英国留过学，精通英文，同时对中国文化和中国语言有很深的了解，可以在我们平时学习语文和英语时给一些指导。第二点，他能够与孩子打成一片。例如说：“他就得意大乐。女儿临睡必定小心搜查一遍，把被里的东西一一取出。钟书恨不得把扫帚、畚箕都塞入女儿被窝，博取一遭意外的胜利。这种玩意儿天天玩也没多大意思，可是钟书百玩不厌。”我个人认为他对孩子有一颗好奇的心，并且把他们当成玩伴。所以综上，我认为钱钟书比较合适。

（初1606班　陆清宇）

【点评指导】

这是一道学生自己拟的以评促思的题目。学生巧妙地把清华历史上的人物与自己的学校生活相结合，每个人都可以从自己的角度出发谈自己的感受，谈对大师的看法，谈清华人身上所具有的精神。

⊙清华附中校友史铁生

对话四则

一、关　于　死

M：你想过死吗？

S：想过，可是想不明白。大概活着的人都不可能想得明白。

M：不，我不是问死是怎么回事，我是说，你想没想过死？

S：你是说寻死，或者说自杀，但是你不忍心用这个词。用不着这样，想寻死不见得就是坏事，这说明一个人对生命的意义有着要求，否则的话他怎么活着都行。

M：从理性上讲我很理解，但是我没有过这样的亲身体验，我从来没有真的想要去死过。而你有过？

S：是的。不过这无法证明，因为我毕竟还活着。我只是曾经非常渴望过死，祈求过死。

M：因为什么事？因为你的双腿瘫痪？

S：差不多，总归跟我的病有关，虽然并不总是这么直接。都是什么事说起来话长，但总之是因为我感到了绝望。

M：你这句话等于没说，当然是绝望。

S：比如说，你终于明白你再也站不起来了。比如说，才只有21岁，你却不能上大学，大学已经预先把你开除了；你也找不到正式工作，好像你已经到了退休的时候；差不多所有的人都会称赞你的坚强，但是有一个前提：你不要试图成为他们的女婿；如果你爱上了一个姑娘，你会发现最好的方式是离开她，否则说不定她比你还痛苦；你最好是做个通情达理的人，那样会安全些，那样你会得到好评，但是这样一来你就不知道为什么还要活着了；这就是绝望。如果你走运你会有一对爱你的父母，会有一些好朋友，但是你经常会在他们脸上看见深深的忧虑，你自然就会想，你活着是给他们带来的帮助多呢还是麻烦多？是安慰多呢还是愁苦多？这就是绝望。我知道，就在咱俩这样说着的时候，正有很多人处在这样的绝望中。

M：你是怎么从这样的绝望中摆脱出来的呢？你怎么没死？

S：别着急，早晚会死的。

M：少贫嘴。我是说，你怎么没自杀。

S：一点儿都不贫嘴。我听了卓别林的劝。

M：我跟你说正经的呢。

S：要是你正正经经地陷入了绝望，你不妨听听幽默大师的话。当然，使我没去自杀的原因很多，但是我第一次平心静气地放弃自杀的念头却是因为听了卓别林的劝，以后很多次都是这样。幸好有一天我去看了那场电影，什么名字我忘了，一个女人想自杀，但被卓别林扮演的那个角色发现了，女人很埋怨他，发了疯似地喊："你为什么不让我死？为什么不让我死！"卓别林慢悠悠不动声色地说："着什么急？早晚会死的。"

M：真是妙。

S：怪事，为什么他说了就"真是妙"，我说了就是"少贫嘴"呢？

M（笑）：你让我想想，嗯……

M：可能是这样，我在听他说这句话之前已经进入了幽默的心态。已经对幽默有了准备，卓别林这三个字就像一个信号把我带进了另一种思维方式，你自然而然就跳出了常规的逻辑。

S：就是就是，关键是你得进入幽默，关键是卓别林能把你领进幽默中去。在那之前我从来没想到过对于死还有这样一种态度。一般人们总是劝你坚强些，"别这么软弱，你应该坚强些。"你想要是医生对病人说："别生病，健康些，你应该健康些。"这不是废话吗？

M：人家这是好意，我讨厌你这样对待人家的好意。

S：我也知道这是好意，事后我也后悔这样对待人家的好意，但是当我一心一意想死的时候我不在乎谁讨厌我。还有，还有人会这样劝你："别这么悲观，生活是多么美好，你要热爱生活。"如果生活一向只是美好，如果生活中压根儿没有悲哀，没有丑恶，没有绝望，活下去本来就不需要谁来劝，就像吃喝拉撒睡一样用不着谁来劝。比如说，被侮辱、被歧视、被不公平不平等地对待，而且这局面很可能坚如磐石至少在 99 年里无法动摇，这样的事让你碰上了，没让他碰上，你想死，他却用"生活是多么美好"来劝你活，当然他这也是好意，但是你不觉得他比我还讨厌吗？

M：还有些人，谈死色变。你一说到死，他就说"哎哎，老提什么死呀怪不吉利的"，或者说"嘘嘘——，别老这么悲观，要说死找没人的地方说去"，好像不知道死就是乐观，好像不说死就能不死了似的。

S：那倒不怎么讨厌，那不过是让死吓的。其实他知道人必有一死，这一事实吓得他不敢再想下去。很可能他还会找到一种自我安慰的方法："活着先说活着的事。"那么死呢？"咳，到时候再说。"这让人想起其他动物，除了人，其他动物都是这么任凭生死摆布的，并且对此毫无意见。

M：也许倒是人错了呢？想它又管什么用？顺其自然，也许倒是其他动物对了呢？

S：顺其自然大概不等于逆来顺受，人对生、对死都要求着意义。先不说这个，总而言之，要是我们一时弄不清是做人好还是做其他动物好，我们不妨只记住一个事实：我们是人，我们必不可免地得思考生和死的问题。就是说，无论我们赞成思考这一问题，还是禁止思考这一问题，还是设法逃避这一问题，我们都已经进入了这一问题，我们可以羡慕其他动物，但是从我们是了人的那一天起，我们就无法改变自己的种类了。况且，子非鱼，安知鱼不知生死乎？这有点像废话了。

M：还说卓别林吧，还说你是怎么听了他的劝的吧。

S：关键是卓别林先让你放了心，他不像很多人那样先劈头盖脸地反击、嘲笑，或是企图粉碎你的愿望，他理解你的一切苦衷，他相信死也是人的一种权利，他和你站在一起维护你的这个权利，然后他只是提醒你：死神是最守信用的，他早晚会来的，你又何必这么着急呢？我真是长长地出了一口闷气，觉得轻松多了。死本来是绝望，但卓别林轻而易举地把它变成了一种希望。这希望有两层意思：一是说，要是你真的再没有力气了，你放心吧，那时候死神肯定会来搭救你；二是说，既然如此你何必不再试试呢？说不定你还能玩出什么花样来高兴高兴呢。可不是么？你活着已经苦到了头，你想死而死又是那么样地可靠，你还怕什么呢？你还会再有什么损失呢？你就再试试呗。

M：摆脱死的诱惑就这么简单？

S：当然不会就这么简单。我只是说，要是别人或是你自己忽然想寻死，要是你还有可能劝劝别人或者是你自己，让我说，卓别林的劝法是最有效的劝法。至于彻底摆脱绝望摆脱死神的诱惑，可能只有两个办法，一是设法把自己变成傻瓜，一是在明白了过程就是目的之后。

二、关　于　生

M：上次你说，彻底摆脱死神的诱惑只有两个办法，一个办法是当傻瓜，还有一个办法就是得明白——过程就是目的。

S：是。

M：这么说，你是靠了后一种办法喽？

S：为什么？

M：我看你不像个傻瓜。

S：谢谢。我希望我没辜负你的恭维。

我还要补充一点。照我的理解，“傻瓜”一词绝不是指先天的弱智，而是指后天的麻木。弱智常常并不妨碍弱智者向他们不公正的命运要求意义。可是对生命意义的麻木不问，却可以使智力健全的生命仅仅成为一种生理现象，而不是精神过程。

M：这样的人只是活着，无论怎样活着只要活着就够了，因此他们不会有烦恼得要去自杀的时候。可这又有什么不好呢？在烦恼和傻瓜之间，选择后者说不定是更明智的呢。

S：也许是吧，所以我说那也不失为一种活着的办法。

M：那你为什么不选择这种办法？

S：我试过，但是没成功。

M：在这点上咱俩倒是挺一样。我也试过，可是不行。我老是想，与其那样活着倒不如死了痛快。

S：亚当和夏娃吃了禁果，知道了善与恶，被逐出了伊甸园，再也回不去了。所谓“知道了善与恶”其实就是对生活有了价值判断，对生命的意义有了要求，所以我们跟亚当夏娃一样，也别想回去当傻瓜了。

《圣经》上说，亚当和夏娃被逐出伊甸园，人类历史从此开始。这说法真是妙极了。也就是说，从此开始他们才是人了，由此他们才有别于其他动物而成为人了。遗憾的是人们只注意到了这是痛苦的开始，而没看到这才有了人生欢乐的可能。人们应该理解上帝的好意。把那个伊甸园称为乐园实在荒唐，我相信那儿可能没有痛苦，但没有痛苦的地方肯定也没有欢乐。所以我想，还是别回到伊甸园去当那漫长的傻瓜吧。

M：所以你选择了第二个办法？

S：不如说是去寻找另外的办法，因为第二个办法不是现成的。但是，如果你相信死是一件不必着急的事，如果你又不想去当那个漫长的傻瓜，如果你诚心诚意地去找另外的办法，你就准能找到它，你找到的就准是它。

M：玄了。我看你是不是越说越玄了？你就直截了当地说吧，怎么会“过程就是目的"呢？

S：比如说踢足球，全场九十分钟常常才进一两个球，有时候甚至是零比零，那么目的是什么呢？就是过程，在这九十分钟的过程中证明和欣赏生命矫健、坚强、智慧和优美。其实要想多进球还不简单吗？只要越位不算犯规，大伙都上大门那儿等着去，要不干脆一开始就罚点球，保险进球多。可是那样就没意思了，没有了过程，就没有了趣味，没有了快乐。在真正的球迷看来，过程比目的要紧。

不久前意大利的世界杯赛，由于时差关系，很多场球我们只能看录像，那时胜败已定，但球迷们都避免先知道结果，并向知道了结果的人发出警告：不许说！因为令他们着迷的是过程，他们要在前途未卜的过程中享受激情，享受惊险，享受渴望，享受悲欢。

我还知道一些更高明的球迷，甚至不怕知道结果；无论结果如何，丝毫不影响他们的兴致，只要那过程是充满艰险和激情的，不管辉煌的还是悲壮的，他们依然会如醉如痴地沉入在美的享受之中。问他们：谁赢了？他们可能会告诉你，但也可能他们记不清了，不过他们肯定能告诉你最好的球队是哪个，最好的球星是谁。如果他们告诉你得亚军的那个队实际上是最乏味的一个队，你用不着吃惊，因为他们是以过程来做判断的。

其实什么事都是这样。小说是这样，小说要是只写最后谁死了谁还活着，那就像人口普查了，没人爱看。科学怎么样？如果没有坎坷而欢欣的过程，人类想办到什么就办到了什么，人就差不多又要去当那个漫长的傻瓜了。生活也是，一场球赛九十分钟，一场生活就算它九十年，区别无非时间的长短罢了。上帝给人们设置了很多障碍，为的是展开一个过程，于是才能有趣味有快乐。

M：照此说来，生活是无需乎目的了？

S：不行，目的还非得有不可。如果都不想赢球，这场球还怎么踢下去呢？就像人活着没有理想，人可往哪儿走呢？没有了目的，过程一样没法展开。目的和理想的设置，我想，原就是为了引导出一个过程，我想，一个最最美好的理想或目的不如就让它处在那个望眼欲穿的位置上吧，这样才永远都有个奔头，创造着，欣赏着，乐此不疲。

M：但是你终于得到了什么呢？你总得能得到什么呀？总就是过程、过程、过程，总也达不到目的，你不觉得有点儿荒诞吗？

S：你得到了一个快乐的过程。就像一场球赛，你无论是输了还是赢了，只要你看重的是过程,你满怀激情地参与过程,生龙活虎不屈不挠地投入了过程,你在这过程的每一分钟里就都是快乐的。我发现这是划算的,胜负毕竟太短暂,过程却很长久,你干嘛不去取得那长久的快乐呢?

况且胜利常常与上帝的情绪有关,上帝要是决心不喜欢你(比如说让你瘫痪了等等),你再怎么抗议也是白搭。但是,上帝神通再大也无法阻止你获取过程的欢乐。所以不如把那没有保证的胜利交给上帝去过瘾,咱们只用那靠得住的过程来陶醉。

M:嗯,有道理。我发现你确实不是傻瓜。

S:多谢多谢,我很喜欢你经常发现这一点。

M:我有时候也这么想,真的,人最终究竟能得到什么呢?未知是无限的,人类的希望无穷无尽,于是认识就永远没有个完,永远不会到达终点,一个阶段的结束不过是又一个阶段的开始。也许你说对了,人要是不能从过程中体味幸福和欢乐,生命就成了场荒诞的苦役,死神就一直具有诱惑力。

S:这么聪明的话,我希望你还是留给我说。我要说什么来着?哦,对了——所以过程就是目的。我想给你念一段一个残疾朋友写给我的话:“事实上你唯一具有的就是过程。一个只想(只想!)使过程精彩的人是无法被剥夺的,因为死神也无法将一个精彩的过程变成不精彩的过程,因为坏运也无法阻挡你去创造一个精彩的过程,相反你可以把死亡也变成一个精彩的过程,相反坏运更利于你去创造精彩的过程。于是绝境溃败了,它必然溃败。你立于目的的绝境却实现着、欣赏着、饱尝着过程的精彩,你便把绝境送上了绝境。梦想使你迷醉,距离就成了欢乐;追求使你充实,失败和成功都是伴奏;当生命以美的形式证明其价值的时候,幸福是享受,痛苦也是享受。现在你说你是一个幸福的人你想你会说得多么自信,现在你对一切神灵鬼怪说谢谢你们给我的好运,你看看谁还能说不。”

M:嗯,这个人很能说。

但是意义呢?价值呢?目的要是不重要,为什么还有高尚和卑下之分呢?

S:道德的最高尚的原则,我想,就是使最多的人最大程度地获得自由、幸福、快乐的生命过程。只有更为高尚的目的才能引导出更为自由、更为幸福、更为快乐的过程。我看这用不着担心。如果为了展开过程我们需要设置目的,那么为了展开更为自由、幸福、快乐的过程,我们明显需要设置更为高尚的目的。你没想到再表扬我两句吗?

M:等你不止是说,而是去做的时候吧。

S:那我就听不到了。

M：为什么？

S：这件事在死之前是做不完的。

三、职业·事业

S：如果生命是一条河，我想，事业相当于一条船。在河上漂泊，你总是有一条船。

A：你的这条船就是写小说喽？

S：碰巧是这样。迄今为止这条船对我还合适。当然我也写别的，我也干些别的事。

A：活着就是为了事业吗？

S：正好相反。船是为了漂泊，漂泊不是为了船。事业是为了活着，是为了活得更有味道。

A：那你怎么理解，譬如："一切为了事业""把生命献给事业"这样的话呢？

S：我更相信这样的事实，譬如：他的事业，给了他无比的快乐。为事业而奋斗，他感到莫大的幸福。在事业中他找到了自己的位置，实现了自己的价值。

A：有人说，活着就是奉献。

S：这话不仅不美反而失实，而且细品很像是诉苦，像是抱屈，像是炫耀，仿佛从中受益的只是他人。这类少实事求是之心多哗众取宠之嫌的说道，不见得能保证长久的快乐。如果他注意到了自己从事业中享受了多少乐趣，也许能对"奉献"一词体会得更全面。如果他活着真的只有奉献，我想那是对"按劳分配"原则的违背；如果奉献是他自己选择的幸福方式，那么他已经得到了丰厚的报偿，他不会在喝彩与掌声中眉飞色舞，而更可能在人们钦佩的目光下稍稍有一点惭愧。一种是，把事业视为自己的幸福，它不仅仅意味着心血的付出，它更意味着精神的收获；另一种则把事业仅仅看作是付出，仅仅看作是为他人的利益而受苦受累——这意味着需要报答，可这希冀倘若落空呢，事业岂不成了一场折磨人的灾难么？

顺便说一句，在信念的领域里可以不考虑经济规律，但这绝不意味着按劳分配的原则应该废弃。

A：你是怎么选择了写作这条路的呢？听说你身体残疾后，也曾一度想去死？

S：不是一度，是几度。这方面的事，在和 M 的谈话中已经说过了。

后来我想再活一活试试，以观后效。一个人，不管他曾经与死神的关系多么密切，如果现在他想活下去试试，他总得做些事，否则不劳而食你会觉得羞耻，否则精神无以安顿你会觉得时间漫长有如徒刑。必须得干些事。

我先到一个街道生产组找了个工作。那不是正式工作，干一天拿一块钱，再无其他待遇；所得工资可以温饱，关键是自力更生了，没有活成个负数，这感觉让人踏实。生产组是一间低矮破旧的老房，成员多是家庭妇女、老头、老太太和残疾人，每天在昏暗的光线里画些美丽的图案兼而嬉笑怒骂；那也是生活，如果你能体会，那样的生活里也一样饱含了深意。这感觉给人希望，生活从不轻易抛弃谁。老头老太太们都对我好，他们没有文化但有饱满的人情味，这感觉让人温暖，让人对生活多了信心。我自以为工作得努力，肯定对得起那份工作，这样感觉比占了便宜要舒服。当然，我还不满意，我想我说不定还能干些更有趣的事。人对快乐的要求没有个够，我以为这不是坏思想。

一开始我先自学了一年外语，但很快就发现既无资料可供我笔译，也没人要我去作口译，外语这东西不用就忘，于是浅尝辄止。现在外语的用处多了，可我也老了，学不彻底就该火化了，下辈子再学吧。后来又学画彩蛋、画仕女图，虽第一批交货即通过验收，但毕竟不是兴趣所在，便又半途而废。那时周围的人都在学数理化准备考大学，我动了七八回心，终于明白人家不肯录取残疾人，就没去碰那个钉子。干什么呢？想了好久，想起我上学时作文一向有好分数，平时喜欢文学，心里又颇多感受，就试试写作吧。

选择一项事业（或者找一条能够载渡精神的船）的时候，应该想起兵书上的一句话：知己知彼，百战不殆。没有谁是为了失败而工作的，因为注定的失败不能引导出一个如醉如痴的过程。所谓知己，就是要知道自己的兴趣何在？自己的禀赋何在？如果你喜欢文学，可你偏偏不肯舍弃一个学化学的机会，且不说没有兴趣你的化学很难学好，即便你小有成就那也是你的悲剧。如果你是一个数学天才，比如说是一个潜在的陈景润，可你对此浑然不知偏要去当一个写小说的，结果多半不妙。所谓知彼，就是得知道客观条件允许你干什么。如果你热爱起足球的时候已经40多岁，你最好安心作一个球迷，千万别学马拉多纳了。如果你羡慕三毛，你也有文学才能，但是你的双腿一动都不能动，你就不要向往撒哈拉，你不如写一写自己心中的沙漠。我一贯相信，每个人都有自己的所长，倘能扬长避短谁都能有所作为；相反如果弃长取短，天才也能成为蠢才，不信让陈景润与托尔斯泰调换一下工作试试看。对事业的选择，要根据“知己知彼”的原则，可别为“热门”或时髦所左右。

然后还得需要点勇气，需要冒一点风险，没有什么办法能保证你肯定有一条金光大道。我开始想写作的时候，人们提醒我说，你哪儿都去不了，不能深入生活，你凭什么能干这一行呢？我自己心里也打鼓。可是我忍不住地想写。我有纸也有笔，还有好多想法，别人一天有 24 小时的生活，我一天也有 24 小时的生活，所有的生活一样都有品味不尽的深意，我就偷偷地写了一点，自己觉得还有希望，于是豁出去了，写！如果你看不出你的选择有什么不对头，你得豁得出去，你得敢于试试，一条道走到黑或者不撞南墙不回头。当然那时我已经在街道生活组挣着自己的饭钱了，我想我最不济是个 0，不会是个负数了。

A：幸好你没撞到南墙。

S：到现在为止，我看我还不需要回头。

A：要是撞了呢？要是你撞着南墙呢？

S：要是你发现你确实不适合干某一行，你还得敢于回头，及时回头。这不丢人，事业不是为了撞南墙的，撞死在南墙下算不上勇敢。这方面你不行，你得相信在其他方面你未必都不行。

A：一开始你就相信，写小说你肯定行吗？

S：我只是认为我不见得不行。我没有把它当成一件只许成功不许失败的事来干。寻找也可以算一种事业。尝试也是一个有价值的过程。鉴于我们的选择无论多么科学多么慎重，我们仍有失败的可能，所以我们还是得把注重点从目的移向过程。

A：你很幸运。

S：你是指我的残疾？

A：别起哄，我是说能把这些事想得明白，这也是一种幸运。

S：不起哄，也许正因为命运让我有机会见识了绝境，这确实算得一种幸运。

A：你毕竟找到了你所感兴趣的事业，并不是谁都有这样的福气。

S：可是谁都有业余时间。现在的工作分配还不可能都根据个人的兴趣，可是挣完了饭钱还有不少时间，这些时间全凭个人调度。

A：你在事业上有过挫折吗？

S：我绝对认为我的智商适中。我好几次都认为我得改行了，根据“知己知彼”的原则想了又想，还是没改。我现在不大发愁写什么，可怎么能写得更好估计永远都是一个问题。

A：事业上的挫折，难道不给你带来苦恼吗？

S：当然。如果挫折不带来苦恼，成功也就不带来快乐了。

A：你怎么摆脱这样的苦恼呢？

S：一遍一遍地摆脱，没完没了地摆脱。一次一次地相信：船不是目的，河也不是，目的是诚心诚意尽心尽力地漂泊。

A：那也许是因为，你在事业上毕竟算个成功者。

S：我不起哄可是你起哄。成功与否完全是个度量标准的问题。

A：总归人家管你叫作家，不管我叫什么“家”。

S：那是因为很多事不大公道，现在“作家”这个头衔不值钱，发表几篇小说就算个“家”，比当别的“家”——比如科学家、哲学家、数学家——要省事得多。而且写小说容易出名，因为你写了，总得签上你的名。

A：我看你是得了便宜卖乖。

S：我料到您要这么说了。不过您说的也许不全错。

可是还是得说，千万别把事业当成一项赌注。尤其是我们残疾人，千万别以为成功了某项事业，你的一切艰难困苦就都迎刃而解了，根本没那回事。就算我像你说的那样是个事业的成功者吧，那么我以这个身份最想说的就是，事业的成功确实让人兴奋，但它不为人解决其余的问题，兴奋之后清静下来，一瞧：所有的问题都还在，一如既往。

A：可是对于残疾人来说，它至少可以解决工作问题。

S：你存心跟我作对，存心让我理屈词穷是不是？我得承认有这么回事，这样的事真让人遗憾。不过人大常委会很快就要通过一项“残疾人保障法”了，将明文规定残疾人与所有的人一样有工作的权利，以后谁不给残疾人工作谁就是违法。

我们还是说说法律以外的问题吧，有很多问题不见得是法律能管得了的。

A：什么问题，比如说？

S：比如说，对残疾人的歧视，这种歧视常常只流露在别人的眼睛里，法律管不了吧？可你怎么办？比如说，爱情问题，法律说你有结婚的权利，可你所爱的人（当然他或她也爱你）因为种种并不违法的外界压力而离开了你，你怎么办？这些问题并不因为你在事业上的成功就可以消失。比如说，孤独，自卑，沮丧，活着到底为了什么？我们在走向哪儿？人类的理想一向很完美，可人类的现实为什么总是不如人意？这样的问题永远都在那儿等着你，并不因为你成了什么“家”它们就云消雾散。千万别把事业的成功作为一项赌注，当成一笔全面幸福的保险金，千万别以为你一旦功成名就天下的倒霉事就都归了别人，幸福就都归了你，那样想你会失望的，到时候你的诸多奢望不能兑现绝没有谁给你赔偿，而且你还会因此而失去事业原本为你预备的快乐，那才真叫一败涂地呢。对于事业，我想还是"只问耕耘，不问收获"来得聪明，那样事业这条船才能一直载歌载舞载欢载乐。

我知道有一位残疾朋友，他一心要写小说，发誓不成功则成仁，什么事都不做，什么事都不屑于做，他说就是要有这样的决心和雄心，他说他相信成功和幸福必定会在某一天早晨成为事实。我不敢贸然说他不是天才，但我以为对于绝大多数不是天才的人来说，这么干挺危险。从我这个凡夫俗子的角度看，文学创作跟学外语大不相同，不是忍得几载寒窗苦就能行的，它需要自自然然地去体会生存这件事，然后需要不急不躁地去写。要紧的还不在这儿，要紧的是他不成功他会痛苦，他真的成功了他也见不到预期的那种幸福。还是那句话，事业是一条船，可船不是目的，船只有在航程中才给人提供创造的快乐和享受这快乐的机会。

A：我知道有一个人，他说他要是写不好小说他就一辈子不谈恋爱。

S：这可麻烦了。我总认为不会恋爱的人就不会写作。我总想，不懂得爱情的人可能懂得艺术吗？我总怀疑，要是漂泊不能吸引你，你跳到船上去干嘛呢？依你看呢？

A：依我看你刚才贬低了学外语的。

S：对不起，要是有这样的事肯定不是出于恶意。

A：我以为对一个人来说，不管他干哪一行，他都应该对丰富多彩的生活葆有激情。任何事业都不应该把人弄成机器，事业的成功是一回事，人的成功是另外一回事。

S：这是我说的。

A：是我，是我说的。

S：是你替我说的。

A：你真矫情。

S：你也一样。

四、关于平等

M：《中国残疾人》上关于平等问题的讨论，你觉得怎么样？

S：好。

M：就一个字？怎么好？

S：怎么都好。这样的讨论本身就好，这讨论本身就是平等的一次实现。

M：你是说先不必期待一个放之四海而皆准的真理，先不必统一思想？

S：不是先不必，是永远不必。

M：那干嘛要讨论？

S：那才要讨论。为什么讨论偏要以统一思想为目的呢？譬如平等，是意味着统一思想统一行动呢？还是说，每一种处境、每一种心绪都有被了解的机会（或权利）呢？是"非礼勿言"平等呢，还是"百花齐放"平等？

M：经过这样的讨论，不仅能使我们互相了解，也使每个人自己更了解自己了。

S：我曾经也像戈奇那样苦笑、尖刻、拍案而起过。现在嘛，我想我更赞成东野长峥的态度。我想我非常理解戈奇，我想东野长峥一定也是从那条愤怒的路上走过来的。我现在仍然相信那是美丽的愤怒，那是真正渴望平等的愤怒，那是真诚的哭喊和笑骂。我们不能做鬼，我们也不要成仙，我们不忍受欺侮同样不忍受溺爱，我们看得出在过分的优待和小心的恭维后面，并非有意但确实还是非人的看待。我曾经写过，譬如说，一个人拉一辆车完全算不得什么光荣，但一只猴子拉一辆车却赢得满场的喝彩。要是我们听了类似的喝彩而不愤怒，甚至还洋洋自得，我们就很有危险沦为舞台上一道伪劣的风景。但是……

M："但是"后面大做文章。

S："但是"后面确实有文章可做。

M：当然当然。别愤怒，百花齐放。

S：也可以百花怒放。不过不保证肯定不是毒草。

我看，平等，这件事跟爱情差不多。平等很可爱，是你朝思暮想的情人，比如这么说。但是，不是你爱上谁谁就也得爱你。不是你渴望平等，人家就一定把你平等相看。为此你拍案而起，得，人家没准儿更躲你远点儿，怕不留神"欺负"了你。人家跟你说话总得加着小心，那样你准保又要愤怒——难道跟残疾人说话就总得这么小心翼翼吗？你又要喊——残疾，给了我们什么特权！就这样，你越愤怒人家越把你另眼相看，越给你"特权"，然后你更加地愤怒，结果弄成了个怪圈，一圈一圈地转下来你离平等越远了。（顺便说一句，你把人家也弄进一个怪圈里去了——欺负你是欺负你，不欺负你还是欺负你。）我曾经就是这样，把自己和别人都弄到怪圈里去了。幸运的是我看见了这个怪圈，发现打破它的办法首先是放弃愤怒。从愤怒到放弃愤怒，不等于不会愤怒，不等于麻木，尤其不等于沾沾自喜于做一道伪劣的风景。

M：应该说，放弃对别人的愤怒，把那美丽的愤怒瞄准自己。

S：对对。因为，平等要是丢了，一定不是贼偷了，一定是自己糊里糊涂地忘了它在哪儿。平等，确实很像爱情，不可强求。强求有时可以成婚，但那婚姻中没有爱情。即使人家愿意送给你平等，但是送来的肯定不是平等。

M：不过，要是人家不认为你有爱的权利呢（还有工作的权利、学习的权利），你也放弃愤怒？

S：你是说有人在违法？那还用说？义不容辞，愤怒地把他送交法庭或诉诸舆论就是。不过我想，这样的局面并不是最难应付的局面。最难办的是人家并不违法，只是在心里看不起你，目光中流露着对你的轻视和可怜，你可有啥办法？

M：用行动，只有用行动消除他们的偏见！用我们的意志、作为、智慧，来消除他们的偏见。

S：好主意。好主意倒是好主意，可要是你的行动仅仅以他们的偏见为坐标，仅仅是根据那些偏见作出的反应，你还是有点像夺路而逃，逃进一种近乎于复仇雪耻的勇猛中去了。但是这样的出逃，很可能急不择路而掉进什么泥沼里去。

我看过一本书，书中有段话，大意是这样：我们可以为了从高处鸟瞰风景的缘故而去爬一棵树，也可以由于有一头野兽在后面紧紧追赶的缘故而去爬一棵树。在这两种情形下我们都是在爬树，但动机却完全不同。前者，我们爬树是为了娱乐；后者，我们则是受恐惧的驱使。前者，我们要不要爬树完全是我们的自由；后者，我们喜不喜欢都得这样做。前者，我们可以寻找一棵最适合我们意图的树；后者，我们却无法选择，必须立刻就近爬上树去，也就是说由一头野兽替我们做出了选择。

M：这个比喻挺不错。平等的前提，非得是自由不可，心灵的自由。爹娘让你娶A小姐你无奈就娶了A小姐，这是包办婚姻；爹娘让你娶A小姐你一气之下就娶了B小姐，这其实仍不是自由婚姻。关键是你到底爱不爱？爱谁？你是不是尊重和服从了自己的爱、自己的愿望和意志？当然，你还得像尊重自己一样地尊重A小姐和B小姐的意愿。

S：事业也是这样，一切都是这个逻辑。当我们摆脱了那头野兽，当那头野兽看见我们就逃而不是我们看见它就逃，当我们忘记了残疾，就是说我们自己心里先不受那残疾的摆布，那时，平等便悄然而至，不用怎么喊它，它自然就要光临。光临得既不鬼祟也不张扬。它光临的方式，主要不是从门外进来拜访你，而是从你心底涌起，并饱满地在那儿久住。

M：残疾，你相信真能忘记它吗？要是仍然有人因为残疾而歧视你呢？

S：法律管不了的事，只好由文明的慢慢发达来解决。有句俗话——听拉拉蛄叫还不种庄稼了吗？

M：你不是说，我们就不需要别人特殊的帮助吧？

S：请你相信我，至少我没那么大能耐。世界上可有一个人不需要别人的帮助吗？如果把帮助和蔑视混淆，那头野兽就又要调头追来了，帮助，全是特殊的，没有统一型号。你个子矮，你要一双高跟儿鞋，我双腿瘫痪我不要高跟鞋，我要一辆轮椅和一些坡道，我们都不是孩子了，所以我们就不要谁再来摸摸我们的后脑勺儿，你说是不？

M：要不要你妻子摸一摸呢，有时候？

S：这另当别论。

我21岁那年

友谊医院神经内科病房有12间病室，除去1号2号，其余10间我都住过。当然，决不为此骄傲。即便多么骄傲的人，据我所见，一躺上病床也都谦恭。1号和2号是病危室，是一步登天的地方，上帝认为我住那儿为时尚早。

19年前，父亲搀扶着我第一次走进那病房。那时我还能走，走得艰难，走得让人伤心就是了。当时我有过一个决心：要么好，要么死，一定不再这样走出来。

正是晌午，病房里除了病人的微鼾，便是护士们轻极了的脚步，满目洁白，阳光中飘浮着药水的味道，如同信徒走进了庙宇我感觉到了希望。一位女大夫把我引进10号病室。她贴近我的耳朵轻轻柔柔地问："午饭吃了没？"我说："您说我的病还能好吗？"她笑了笑。记不得她怎样回答了，单记得她说了一句什么之后，父亲的愁眉也略略地舒展。女大夫步履轻盈地走后，我永远留住了一个偏见：女人是最应该当大夫的，白大褂是她们最优雅的服装。

那天恰是我21岁生日的第二天。我对医学对命运都还未及了解，不知道病出在脊髓上将是一件多么麻烦的事。我舒心地躺下来睡了个好觉。心想：十天，一个月，好吧就算是三个月，然后我就又能是原来的样子了。和我一起插队的同学来看我时，也都这样想，他们给我带来很多书。

10号有6个床位。我是6床。5床是个农民，他天天都盼着出院。"光房钱一天一块一毛五，你算算得啦，"5床说，"死呗可值得了这么些？"3床就说："得了嘿你有完没完！死死死，数你悲观。"4床是个老头，说："别介别介，咱毛主席有话啦——既来之，则安之。"农民便带笑地把目光转向我，却是对他们说："敢情你们都有公费医疗。"

他知道我还在与贫下中农相结合。1床不说话，1床一旦说话即可出院。2床像是个有些来头的人，举手投足之间便赢得大伙的敬畏。2床幸福地把一切名词都忘了，包括忘了自己的姓名。2床讲话时，所有名词都以“这个”“那个”代替，因而讲到一些轰轰烈烈的事迹却听不出是谁人所为。4床说：“这多好，不得罪人。”

我不搭茬儿。刚有的一点舒心顷刻全光。一天一块多房钱都要从父母的工资里出，一天好几块的药钱、饭钱都要从父母的工资里出，何况为了给我治病家中早已是负债累累了。我马上就想那农民之所想了：什么时候才能出院呢？我赶紧松开拳头让自己放明白点：这是在医院不是在家里，这儿没人会容忍我发脾气，而且砸坏了什么还不是得用父母的工资去赔？所幸身边有书，想来想去只好一头埋进书里去，好吧好吧，就算是三个月！我凭白地相信这样一个期限。

可是三个月后我不仅没能出院，病反而更厉害了。

那时我和2床一起住到了7号。2床果然不同寻常，是位局长，11级干部，但还是多了一级，非10级以上者无缘去住高干病房的单间。7号是这普通病房中唯一仅设两张病床的房间，最接近单间，故一向由最接近10级的人去住。据说刚有个13级从这儿出去。2床搬来名正言顺。我呢？护士长说是“这孩子爱读书”，让我帮助2床把名词重新记起来。“你看他连自己是谁都闹不清了。”护士长说。但2床却因此越来越让人喜欢。因为“局长”也是名词也在被忘之列，我们之间的关系日益平等、融洽。有一天他问我：“你是干什么的?”我说：“插队的。”2床说他的“那个”也是，两个“那个”都是，他在高出他半个头的地方比划一下：“就是那两个，我自己养的。”“您是说您的两个儿子?”他说对，儿子。他说好哇，革命嘛就不能怕苦，就是要去结合。他说：“我们当初也是从那儿出来的嘛。”我说：“农村?”“对对对。什么?”“农村。”“对对对农村。别忘本呀!”我说是。我说：“您的家乡是哪儿?”他于是抱着头想好久。这一回我也没办法提醒他。最后他骂一句，不想了，说：“我也放过那玩意。”他在头顶上伸直两个手指。“是牛吗?”他摇摇头，手往低处一压。“羊?”“对了，羊。我放过羊。”他躺下，双手垫在脑后，甜甜蜜蜜地望着天花板老半天不言语。大夫说他这病叫作“角回综合征，命名性失语”，并不影响其他记忆，尤其是遥远的往事更都记得清楚。我想局长到底是局长，比我会得病。他忽然又坐起来：“我的那个，喂，小什么来?”“小儿子?”“对!”他怒气冲冲地跳到地上，说：“那个小玩意，娘个!”说：“他要去结合，我说好嘛我支持。”说：“他来信要钱，说要办个这个。”他指了指周围，我想“那个小玩意”可能是要办个医疗站。他说：“好嘛，要多少？我给。可那个小玩意!”他背着手气哼哼地来回走，然后停住，两手一摊，“可他又要在那儿结婚！”“在农村？”“对。农村。”“跟农民？”“跟农民。”无论是根据我当时的思想觉悟，还是根据报纸电台当时的宣传倡导，这都是值得肃然起敬的。“扎根派，”我钦佩地说。“娘了个派！”他说：“可你还要不要回来嘛？”这下我有点发蒙。见我愣着，他又一跺脚，补充道：“可你还要不要革命？！”这下我懂了，先不管革命是什么，2床的坦诚都令人欣慰。

不必去操心那些玄妙的逻辑了。整个冬天就快过去，我反倒拄着拐杖都走不到院子里去了，双腿日甚一日地麻木，肌肉无可遏止地萎缩，这才是需要发愁的。

我能住到7号来，事实上是因为大夫护士们都同情我。因为我还这么年轻，因为我是自费医疗，因为大夫护士都已经明白我这病的前景极为不妙，还因为我爱读书——在那个“知识越多越反动”的年代，大夫护士们尤为喜爱一个爱读书的孩子。他们还把我当孩子。他们的孩子有不少也在插队。护士长好几次在我母亲面前夸我，最后总是说：“唉，这孩子……”这一声叹，暴露了当代医学的爱莫能助。他们没有别的办法帮助我，只能让我住得好一点，安静些，读读书吧——他们可能是想，说不定书中能有“这孩子”一条路。

可我已经没了读书的兴致。整日躺在床上，听各种脚步从门外走过；希望他们停下来，推门进来，又希望他们千万别停，走过去走他们的路去别来烦我。心里荒荒凉凉地祈祷：上帝如果你不收我回去，就把能走路的腿也给我留下！我确曾在没人的时候双手合十，出声地向神灵许过愿。多年以后才听一位无名的哲人说过：危卧病榻，难有无神论者。如今来想，有神无神并不值得争论，但在命运的混沌之点，人自然会忽略着科学，向虚暝之中寄托一份虔敬的祈盼。正如迄今人类最美好的想往也都没有实际的验证，但那想往并不因此消灭。

主管大夫每天来查房，每天都在我的床前停留得最久：“好吧，别急。”按规矩主任每星期查一次房，可是几位主任时常都来看看我：“感觉怎么样？嗯，一定别着急。”有那么些天全科的大夫都来看我，八小时以内或以外，单独来或结队来，检查一番各抒主张，然后都对我说：“别着急，好吗？千万别急。”从他们谨慎的言谈中我渐渐明白了一件事：我这病要是因为一个肿瘤的捣鬼，把它找出来切下去随便扔到一个垃圾桶里，我就还能直立行走，否则我多半就是把祖先数百万年进化而来的这一优势给弄丢了。

窗外的小花园里已是桃红柳绿，22个春天没有哪一个像这样让人心抖。我已经不敢去羡慕那些在花丛树行间漫步的健康人，和在小路上打羽毛球的年轻人。我记得我久久地看过一个身着病服的老人，在草地上踱着方步晒太阳；只要这样我想只要这样！只要能这样就行了就够了！我回忆脚踩在软软的草地上是什么感觉？想走到哪儿就走到哪儿是什么感觉？踢一颗路边的石子，踢着它走是什么感觉？没这样回忆过的人不会相信，那竟是回忆不出来的！老人走后我仍呆望着那块草地，阳光在那儿慢慢地淡薄，脱离，凝作一缕孤哀凄寂的红光一步步爬上墙，爬上楼顶……我写下一句歪诗：轻拨小窗看春色，漏入人间一斜阳。日后我摇着轮椅特意去看过那块草地，并从那儿张望7号窗口，猜想那玻璃后面现在住的谁？上帝打算为他挑选什么前程？当然，上帝用不着征求他的意见。

我乞求上帝不过是在和我开着一个临时的玩笑——在我的脊椎里装进了一个良性的瘤子。对对，它可以长在椎管内，但必须要长在软膜外，那样才能把它剥离而不损坏那条珍贵的脊髓。"对不对，大夫？""谁告诉你的？""对不对吧？"大夫说："不过，看来不太像肿瘤。"我用目光在所有的地方写下"上帝保佑"，我想，或许把这四个字写到千遍万遍就会赢得上帝的怜悯，让它是个瘤子，一个善意的瘤子。要么干脆是个恶毒的瘤子，能要命的那一种，那也行。总归得是瘤子，上帝！

朋友送了我一包莲子，无聊时我捡几颗泡在瓶子里，想，赌不赌一个愿？——要是它们能发芽，我的病就不过是个瘤子。但我战战兢兢地一直没敢赌。谁料几天后莲子竟都发芽。我想好吧我赌！我想其实我压根儿是倾向于赌的。我想倾向于赌事实上就等于是赌了。我想现在我还敢赌——它们一定能长出叶子！（这是明摆着的。）我每天给它们换水，早晨把它们移到窗台西边，下午再把它们挪到东边，让它们总在阳光里；为此我抓住床栏走，扶住窗台走，几米路我走得大汗淋漓。这事我不说，没人知道。不久，它们长出一片片圆圆的叶子来。"圆"，又是好兆。我更加周到地侍候它们，坐回到床上气喘吁吁地望着它们，夜里醒来在月光中也看看它们：好了，我要转运了。并且忽然注意到"莲"与"怜"谐意，毕恭毕敬地想：上帝终于要对我发发慈悲了吧？这些事我不说没人知道。叶子长出了瓶口，闲人要去摸，我不让，他们硬是摸了呢，我便在心里加倍地祈祷几回。这些事我不说，现在也没人知道。然而科学胜利了，它三番五次地说那儿没有瘤子，没有没有。果然，上帝直接在那条娇嫩的脊髓上做了手脚！定案之日，我像个冤判的屈鬼那样疯狂地作乱，挣扎着站起来，心想干吗不能跑一回给那个没良心的上帝瞧瞧？后果很简单，如果你没摔死你必会明白：确实，你干不过上帝。

我终日躺在床上一言不发，心里先是完全的空白，随后由着一个死字去填满。王主任来了。（那个老太太，我永远忘不了她。还有张护士长。8年以后和17年以后，我两次真的病到了死神门口，全靠这两位老太太又把我抢下来。）我面向墙躺着，王主任坐在我身后许久不说什么，然后说了，话并不多，大意是：还是看看书吧，你不是爱看书吗？人活一天就不要白活。将来你工作了，忙得一点时间都没有，你会后悔这段时光就让它这么白白地过去了。这些话当然并不能打消我的死念，但这些话我将受用终生，在以后的若干年里我频繁地对死神抱有过热情，但在未死之前我一直记得王主任这些话，因而还是去做些事。使我没有去死的原因很多(我在另外的文章里写过)，“人活一天就不要白活”亦为其一，慢慢地去做些事于是慢慢地有了活的兴致和价值感。有一年我去医院看她，把我写的书送给她，她已是满头白发了，退休了，但照常在医院里从早忙到晚。我看着她想，这老太太当年必是心里有数，知道我还不至去死，所以她单给我指一条活着的路。可是我不知道当年我搬离 7 号后，是谁最先在那儿发现过一团电线？并对此作过什么推想？那是个秘密，现在也不必说。假定我那时真的去死了呢？我想找一天去问问王主任。我想，她可能会说“真要去死那谁也管不了”，可能会说：“要是你找不到活着的价值，迟早还是想死”，可能会说“想一想死倒也不是坏事，想明白了倒活得更自由”，可能会说“不，我看得出来，你那时离死神还远着呢，因为你有那么多好朋友”。

友谊医院——这名字叫得好。“同仁”“协和”“博爱”“济慈”，这样的名字也不错，但或稍嫌冷静，或略显张扬，都不如“友谊”听着那么平易、亲近。也许是我的偏见。21 岁末尾，双腿彻底背叛了我，我没死，全靠着友谊。还在乡下插队的同学不断写信来，软硬兼施劝骂并举，以期激起我活下去的勇气；已转回北京的同学每逢探视日必来看我，甚至非探视日他们也能进来。“怎进来的你们？”“咳，闭上一只眼睛想一会儿就进来了。”这群插过队的，当年可以凭一张站台票走南闯北，甭担心还有他们走不通的路。那时我搬到了加号。加号原本不是病房，里面有小楼梯间，楼梯间弃置不用了，余下的地方仅够放一张床，虽然窄小得像一节烟筒，但毕竟是单间，光景固不可比 10 级，却又非 11 级可比。这又是大夫护士们的一番苦心，见我的朋友太多，都是少男少女难免说笑得不管不顾，既不能影响了别人又不可剥夺了我的快乐，于是给了我 9.5 级的待遇。加号的窗口朝向大街，我的床紧挨着窗，在那儿我度过了 21 岁中最惬意的时光。每天上午我就坐在窗前清清静静地读书，很多名著我都是在那时读到的，也开始像模像样地学着外语。一过中午，我便直着眼睛朝大街上眺望，尤其注目骑车的年轻人和 5 路汽车的车站，盼着朋友们来。有那么一阵子我暂时忽略了死神。朋友们来了，带书来，带外面的消息来，带安慰和欢乐来，带新朋友来，新朋友又带新的朋友来，然后都成了老朋友。以后的多少年里，友谊一直就这样在我身边扩展，在我心里深厚。

把加号的门关紧，我们自由地嬉笑怒骂，毫无顾忌地议论世界上所有的事，高兴了还可以轻声地唱点什么——陕北民歌，或插队知青自己的歌。晚上朋友们走了，在小台灯幽寂而又喧嚣的光线里，我开始想写点什么，那便是我创作欲望最初的萌生。我一时忘记了死，还因为什么？还因为爱情的影子在隐约地晃动。那影子将长久地在我心里晃动，给未来的日子带来幸福也带来痛苦，尤其带来激情，把一个绝望的生命引领出死谷；无论是幸福还是痛苦，都会成为永远的珍藏和神圣的纪念。

21 岁、29 岁、38 岁，我三进三出友谊医院，我没死，全靠了友谊。后两次不是我想去勾结死神，而是死神对我有了兴趣；我高烧到 40 多度，朋友们把我抬到友谊医院，内科说没有护理截瘫病人的经验，柏大夫就去找来王主任，找来张护士长，于是我又住进神内病房。尤其是 29 岁那次，高烧不退。整天昏睡、呕吐，差不多三个月不敢闻饭味，光用血管去喝葡萄糖，血压也不安定，先是低压升到 120，接着高压又降到 60，大夫们一度担心我活不过那年冬天了——肾，好像是接近完蛋的模样，治疗手段又像是接近于无了。我的同学找柏大夫商量，他们又一起去找唐大夫；要不要把这事告诉我父亲？他们决定：不。告诉他，他还不是白着急？然后他们分了工：死的事由我那同学和柏大夫管，等我死了由他们去向我父亲解释；活着的我由唐大夫多多关照。唐大夫说：“好，我以教学的理由留他在这儿，他活一天就还要想一天办法。”真是人不当死鬼神奈何其不得，冬天一过我又活了，看样子极可能活到下一个世纪去。唐大夫就是当年把我接进 10 号的那个女大夫，就是那个步履轻盈温文尔雅的女大夫，但 8 年过去她已是两鬓如霜了。又过了 9 年，我第三次住院时唐大夫已经不在。听说我又来了，科里的老大夫、老护士们都来看我，问候我，夸我的小说写得还不错，跟我叙叙家常，唯唐大夫不能来了。我知道她不能来了，她不在了。我曾摇着轮椅去给她送过一个小花圈，大家都说：“她是累死的，她肯定是累死的！”我永远记得她把我迎进病房的那个中午，她贴近我的耳边轻轻柔柔地问：“午饭吃了没？”倏忽之间，怎么，她已经不在了？她不过才 50 岁出头。这事真让人哑口无言，总觉得不大说得通，肯定是谁把逻辑摆弄错了。

但愿柏大夫这一代的命运会好些。实际只是当着众多病人时我才叫她柏大夫。平时我叫她“小柏”，她叫我“小史”。她开玩笑时自称是我的“私人保健医生”，不过这不像玩笑这很近实情。近两年我叫她“老柏”，她叫我“老史”了。19 年前的深秋，病房里新来了个卫生员，梳着短辫儿，戴一条长围巾，穿一双黑灯芯绒鞋，虽是一口地道的北京城里话，却满身满脸的乡土气尚未退尽。“你也是插队的？”我问她。“你也是？”听得出来，她早已知道了。“你哪届？”“老初二。你呢？”“我 68，老初一。你哪儿？”“陕北。你哪儿?”“我内蒙。”这就行了,全明白了,这样的招呼是我们这代人的专利,这样的问答立刻把我们拉近。我料定,几十年后这样的对话仍会在一些白发苍苍的人中间流行,仍是他们之间最亲切的问候和最有效的沟通方式;后世的语言学者会煞费苦心地对此作一番考证,正儿八经地写一篇论文去得一个学位。而我们这代人是怎样得一个学位的呢?十四五岁停学,十七八岁下乡,若干年后回城,得一个最被轻视的工作,但在农村待过了还有什么工作不能干的呢,同时学心不死业余苦读,好不容易上了个大学,毕业之后又被轻视——因为真不巧你是个“工农兵学员”,你又得设法摘掉这个帽子,考试考试考试这代人可真没少考试,然后用你加倍的努力让老的少的都服气,用你的实际水平和能力让人们相信你配得上那个学位——比如说,这就是我们这代人得一个学位的典型途径。这还不是最坎坷的途径。“小柏”变成“老柏”,那个卫生员成为柏大夫,大致就是这么个途径,我知道,因为我们已是多年的朋友。她的丈夫大体上也是这么走过来的,我们都是朋友了;连她的儿子也叫我“老史”。闲下来细细去品,这个“老史”最令人羡慕的地方,便是一向活在友谊中。真说不定,这与我 21 岁那年恰恰住进了“友谊”医院有关。

因此偶尔有人说我是活在世外桃源,语气中不免流露了一点讥讽,仿佛这全是出于我的自娱甚至自欺。我颇不以为然。我既非活在世外桃源,也从不相信有什么世外桃源。但我相信世间桃源,世间确有此源,如果没有,恐怕谁也就不想再活;倘此源有时弱小下去,依我看,至少讥讽并不能使其强大。千万年来它作为现实,更作为信念,这才不断。它源于心中再流入心中,它施于心又由于心,这才不断。欲其强大,舍心之虔诚又向何求呢?

也有人说我是不是一直活在童话里?语气中既有赞许又有告诫。赞许并且告诫,这很让我信服。赞许既在,告诫并不意指人们之间应该加固一条防线,而只是提醒我:童话的缺憾不在于它太美,而在于它必要走进一个更为纷繁而且严酷的世界,那时只怕它太娇嫩。

事实上在 21 岁那年,上帝已经这样提醒我了,他早已把他的超级童话和永恒的谜语向我略露端倪。

住在 4 号时,我见过一个男孩。他那年 7 岁,家住偏僻的山村,有一天传说公路要修到他家门前了,孩子们都翘首以待好梦联翩。公路终于修到,汽车终于开来,乍见汽车,孩子们惊讶兼着胆怯,远远地看。日子一长孩子便有奇想,发现扒住卡车的尾巴可以威风凛凛地兜风,他们背着父母玩得好快活。可是有一次,只一次,这 7 岁的男孩失手从车上摔了下来。他住进医院时已经不能跑，四肢肌肉都在萎缩。病房里很寂寞，孩子一瘸一瘸地到处窜；淘得过分了，病友们就说他："你说说你是怎么伤的？"孩子立刻低了头，老老实实地一动不动。"说呀？""说，因为什么？"孩子嗫嚅着。"喂，怎么不说呀？给忘啦？""因为扒汽车，"孩子低声说。"因为淘气，"孩子补充道。他在诚心诚意地承认错误。大家都沉默，除了他自己谁都知道：这孩子伤在脊髓上，那样的伤是不可逆的。孩子仍不敢动，规规矩矩地站着用一双正在萎缩的小手擦眼泪。终于会有人先开口，语调变得哀柔："下次还淘不淘了？"孩子很熟悉这样的宽容或原谅，马上使劲摇头："不，不，不了！"同时松了一口气。但这一回不同以往，怎么没有人接着向他允诺"好啦，只要改了就还是好孩子"呢？他睁大眼睛去看每一个大人，那意思是：还不行么？再不淘气了还不行么？他不知道，他还不懂，命运中有一种错误是只能犯一次的，并没有改正的机会，命运中有一种并非是错误的错误（比如淘气，是什么错误呢？），但这却是不被原谅的。那孩子小名叫"五蛋"，我记得他，那时他才 7 岁，他不知道，他还不懂。未来，他势必有一天会知道，可他势必有一天就会懂吗？但无论如何，那一天就是一个童话的结尾。在所有童话的结尾处，让我们这样理解吧：上帝为锤炼生命，将布设下一个残酷的谜语。

住在 6 号时，我见过有一对恋人。那时他们正是我现在的年纪，40 岁。他们是大学同学。男的 24 岁时本来就要出国留学，日期已定，行装都备好，可命运无常，不知因为什么屁大的一点事不得不拖延一个月，偏就在这一个月里因为一次医疗事故他瘫痪了。女的对他一往情深，等着他，先是等着他病好，没等到；然后还等着他，等着他同意跟她结婚，还是没等到。外界的和内心的阻力重重，一年一年，男的既盼着她来又说服着她走。但一年一年，病也难逃爱也难逃，女的就这么一直等着。有一次她狠了狠心，调离北京到外地去工作了，但是斩断感情却不这么简单，而且再想调回北京也不这么简单，女的只要有三天假期也迢迢千里地往北京跑。男的那时病更重了，全身都不能动了，和我同住一个病室。女的走后，男的对我说过："你要是爱她，你就不能害她，除非你不爱她，可是你又为什么要结婚呢？"男的睡着了，女的对我说过：我知道他这是爱我，可他不明白其实这是害我，我真想一走了事，我试过，不行，我知道我没法不爱他。女的走了男的又对我说过：不不，她还年轻，她还有机会，她得结婚，她这人不能没有爱。男的睡了女的又对我说过：可什么是机会呢？机会不在外边而在心里，结婚的机会有可能在外边，可爱情的机会只能在心里。女的不在时，我把她的话告诉男的，男的默然垂泪。我问他："你干吗不能跟她结婚呢？"他说："这你还不懂。"他说："这很难说得清,因为你活在整个这个世界上。”他说:“所以,有时候这不是光由两个人就能决定的。”我那时确实还不懂。我找到机会又问女的:“为什么不是两个人就能决定的?”她说:“不,我不这么认为。”她说:“不过确实,有时候这确实很难。”她沉吟良久,说:“真的,跟你说你现在也不懂。”19 年过去了,那对恋人现在该已经都是老人。我不知道现在他们各自在哪儿,我只听说他们后来还是分手了。19 年中,我自己也有过爱情的经历了,现在要是有个 21 岁的人问我爱情都是什么?大概我也只能回答:真的,这可能从来就不是能说得清的。无论她是什么,她都很少属于语言,而是全部属于心的。还是那位台湾作家三毛说得对:爱如禅,不能说不能说,一说就错。那也是在一个童话的结尾处,上帝为我们能够永远地追寻着活下去,而设置的一个残酷却诱人的谜语。

21 岁过去,我被朋友们抬着出了医院,这是我走进医院时怎么也没料到的。我没有死,也再不能走,对未来怀着希望也怀着恐惧。在以后的年月里,还将有很多我料想不到的事发生,我仍旧有时候默念着“上帝保佑”而陷入茫然。但是有一天我认识了神,他有一个更为具体的名字——精神。在科学的迷茫之处,在命运的混沌之点,人唯有乞灵于自己的精神。不管我们信仰什么,都是我们自己的精神的描述和引导。

1990 年 12 月 7 日

命若琴弦

莽莽苍苍的群山之中走着两个瞎子,一老一少,一前一后,两顶发了黑的黑帽起伏攒动,匆匆忙忙,像是随着一条不安静的河水在漂流。无所谓从哪儿来,也无所谓到哪儿去,每人带一把三弦琴,说书为生。

方圆几百上千里的这片大山中,峰峦叠嶂,沟壑纵横,人烟稀疏,走一天才能见一片开阔地,有几个村落。荒草丛中随时会飞起一对山鸡,跳出一只野兔、狐狸,或者其他小野兽。山谷中常有鹞鹰盘旋。

寂静的群山没有一点阴影,太阳正热得凶。

“把三弦子抓在手里。”老瞎子喊,在山间震起回声。

“抓在手里呢。”小瞎子回答。

“操心身上的汗把三弦子弄湿了。弄湿了晚上弹你的肋条!”

“抓在手里呢。”

老少二人都赤着上身,各自拎了一条木棍探路,缠在腰间的粗布小褂已经被汗水洇湿了一大片，蹚起来的黄土干得呛人。这正是说书的旺季。天长，村子里的人吃罢晚饭都不待在家里；有的人晚饭也不在家吃，捧上碗到路边去，或者到场院里。老瞎子想赶着多说书，整个热季领着小瞎子一个村子一个村子紧走，一晚一晚紧说。老瞎子一天比一天紧张、激动，心理算定：弹断一千根琴弦的日子就在这个夏天了，说不定就在前面的野羊坳。

暴躁了一整天的太阳这会儿正平静下来，光线开始变得深沉。远远近近的蝉鸣也舒缓了许多。

"小子！你不能走快点吗?"老瞎子在前面喊，不回头也不放慢脚步。

小瞎子紧跑几步，吊在屁股上的一只大挎包叮啷哐啷地响，离老瞎子仍有几丈远。

"野鸽子都往窝里飞啦。"

"什么?"小瞎子又紧走几步。

"我说野鸽子都回窝了，你还不快走!"

"噢。"

"你又鼓捣我那电匣子呢。"

"噫——！鬼动来。"

"那耳机子快让你鼓捣坏了。"

"鬼动来!"

老瞎子暗笑：你小子才活了几天？"蚂蚁打架我也听得着。"老瞎子说。

小瞎子不争辩了，悄悄把耳机子塞到挎包里去，跟在师傅身后闷闷地走路。无尽无休的无聊的路。

走了一阵子，小瞎子听见有只獾在地里啃庄稼，就使劲学狗叫，那只獾连滚带爬地逃走了，他觉得有点开心，轻声哼了几句小调儿，哥哥呀妹妹的。师傅不让他养狗，怕受村里的狗欺负，也怕欺负了别人家的狗，误了生意。又走了一会，小瞎子又听见不远处有条蛇在游动，弯腰摸了块石头砍过去，"哗啦啦"一阵子高粱叶子响。老瞎子有点可怜他了，停下来等他。

"除了獾就是蛇。"小瞎子赶忙说，担心师傅骂他。

"有了庄稼地了，不远了。"老瞎子把一个水壶递给徒弟。

"干咱们这营生的，一辈子就是走。"老瞎子又说，"累不?"

小瞎子不回答，知道师傅最讨厌他说累。

"我师傅才冤呢。就是你师爷，才冤呢。东奔西走一辈子，到了儿没弹够一千根琴弦。”

小瞎子听出师傅这会儿心绪好，就问：“什么是绿色的长乙（椅）？”

“什么？噢，八成是一把椅子吧。”

“曲折的油狼（游廊）呢？”

“油狼？什么油狼？”

“曲折的油狼。”

“不知道。”

“匣子里说的。”

“你就爱瞎听那些玩意儿。听那些玩意儿有什么用？天底下的好东西多啦，跟咱们有什么关系？”

“我就没听您说过，什么跟咱们有关系。”小瞎子把“有”字说得重。

“琴！三弦子！你爹让你跟了我来，是为了让你弹好三弦子，学会说书。”

小瞎子故意把水喝得咕噜噜响。

再上路时小瞎子走在前头。

大山的阴影在沟谷里铺开来。地势也渐渐的平缓，开阔。

接近村子的时候，老瞎子喊住小瞎子，在背阴的山脚下找到一个小泉眼，细细的泉水从石缝里往外冒，淌下来，积成脸盆大的小洼，周围的野草长得茂盛，水流出几十米便被干渴的土地吸干。

“过来洗洗吧，洗洗你那身臭汗味。”

小瞎子拨开野草在水洼边蹲下，心里还猜想着“曲折的油狼”。

“把浑身都洗洗。你那样儿准像个小叫花子。”

“那你不就是个老叫花子了？”小瞎子把手按在水里，嘻嘻地笑。

老瞎子也笑，双手掬起水来往脸上泼。“可咱们不是叫花子，咱们有手艺。”

“这地方咱们好像来过。”小瞎子侧耳听着四周的动静。

“可你的心思总不在学艺上。你这小子心太野。老人的话你从来不竖着耳朵听。”

“咱们准是来过这儿。”

“别打岔！你那三弦子弹得还差着远呢。咱这命就在几根琴弦上，我师傅当年就这么跟我说。”

泉水清凉凉的。小瞎子又哥哥妹妹地哼起来。

老瞎子挺来气：“我说什么你听见了吗？”

“咱这命就在这几根琴弦上，您师傅我师爷说的。我都听过八百遍了。您师傅还给您留下一张药方，您得弹断一千根琴弦才能去抓那服药，吃了药您就能看见东西了。我听您说过一千遍了。”

“你不信？”

小瞎子不正面回答，说：“干吗非得弹断一千根琴弦才能去抓那服药呢？”

“那是药引子。机灵鬼儿，吃药得有药引子！”

“一千根断了的琴弦还不好弄？”小瞎子忍不住哧哧地笑。

“笑什么笑！你以为你懂得多少事？得真正是一根一根弹断了的才成。”

小瞎子不敢吱声了，听出师傅又要动气。每回都是这样，师傅容不得对这件事有怀疑。

老瞎子也没再做声，显得有些激动，双手搭在膝盖上，两颗骨头一样的眼珠对着苍天，像是一根一根地回忆着那些弹断的琴弦。盼了多少年了呀，老瞎子想，盼了五十年了！五十年中翻了多少架山，走了多少里路哇。挨了多少回晒，挨了多少回冻，心里受了多少委屈呀。一晚上一晚上地弹，心里总记着，得真正是一根一根尽心尽力地弹断的才成。现在快盼到了，绝出不了这个夏天了。老瞎子知道自己又没什么能要命的病，活过这个夏天一点不成问题。“我比我师傅可运气多了，”他说，“我师傅到底没能睁开眼睛看一回。”

“咳！我知道这地方是哪儿了！”小瞎子忽然喊起来。

老瞎子这才动了动，抓起自己的琴来摇了摇，叠好的纸片碰在蛇皮上发出细微的响声，那张药方就在琴槽里。

“师傅，这儿不是野羊岭吗？”小瞎子问。

老瞎子没搭理他，听出这小子又不安稳了。

“前头就是野羊坳，是不是，师傅？”

“小子，过来给我擦擦背。”老瞎子说，把弓一样的脊背弯给他。

“是不是野羊坳，师傅？”

“是！干什么？你别又闹猫似的。”

小瞎子的心扑通扑通跳，老老实实给师傅擦背。老瞎子觉出他擦得很有劲。

“野羊坳怎么了？你别又叫驴似的会闻味儿。”

小瞎子心虚，不吭声，不让自己显出兴奋。

“又想什么呢？别当我不知道你那点心思。”

“又怎么了，我？”

“怎么了你？上回你在这儿疯得不够？那妮子是什么好货！”老瞎子心想，也许不该再带他到野羊坳来。可是野羊坳是个大村子，年年在这儿生意都好，能说上半个多月。老瞎子恨不能立刻弹断最后几根琴弦。

小瞎子嘴上嘟嘟囔囔的，心却飘飘的，想着野羊坳里那个尖声细气的小妮子。

“听我一句话，不害你，”老瞎子说，“那号事靠不住。”

“什么事？”

“少跟我贫嘴。你明白我说的什么事。”

“我就没听您说过，什么事靠得住。”小瞎子又偷偷地笑。

老瞎子没理他，骨头一样的眼珠又对着苍天。那儿，太阳正变成一汪血。

两面脊背和山是一样的黄褐色。一座已经老了，嶙峋瘦骨像是山根下裸露的基石。另一座正年轻。老瞎子七十岁，小瞎子才十七。

小瞎子十四岁上父亲把他送到老瞎子这儿来，为的是让他学说书，这辈子好有个本事，将来可以独自在世上活下去。

老瞎子说书已经说了五十多年。这一片偏僻荒凉的大山里的人们都知道他：头发一天天变白，背一天天变驼，年年月月背一把三弦琴满世界走，逢上有愿意出钱的地方就拨动琴弦唱一晚上，给寂寞的山村带来欢乐。开头常是这么几句：“自从盘古分天地，三皇五帝到如今，有道君王安天下，无道君王害黎民。轻轻弹响三弦琴，慢慢稍停把歌论，歌有三千七百本，不知哪本动人心。”于是听书的众人喊起来，老的要听董永卖身葬父，小的要听武二郎夜走蜈蚣岭，女人们想听秦香莲。这是老瞎子最知足的一刻，身上的疲劳和心里的孤寂全忘却，不慌不忙地喝几口水，待众人的吵嚷声鼎沸，便把琴弦一阵紧拨，唱道：“今日不把别人唱，单表公子小罗成。”或者：“茶也喝来烟也吸，唱一回哭倒长城的孟姜女。”满场立刻鸦雀无声，老瞎子也全心沉到自己所说的书中去。

他会的老书数不尽。他还有一个电匣子，据说是花了大价钱从一个山外人手里买来，为的是学些新词儿，编些新曲儿。其实山里人倒不太在乎他说什么唱什么。人人都称赞他那三弦子弹得讲究，轻轻曼曼的，飘飘洒洒的，疯癫狂放的，那里头有天上的日月，有地上的生灵。老瞎子的嗓子能学出世上所有的声音。男人、女人、刮风下雨、兽啼禽鸣。不知道他脑子里能呈现出什么景象，他一落生就瞎了眼睛，从没见过这个世界。

小瞎子可以算见过世界，但只有三年，那时还不懂事。他对说书和弹琴并无多少兴趣，父亲把他送来的时候费尽了唇舌，好说歹说连哄带骗，最后不如说是那个电匣子把他留住。他抱着电匣子听得入神，甚至没发觉父亲什么时候离去。

这只神奇的匣子永远令他着迷，遥远的地方和稀奇古怪的事物使他幻想不绝，凭着三年朦胧的记忆，补充着万物的色彩和形象。譬如海，匣子里说蓝天就像大海，他记得蓝天，于是想象出海；匣子里说海是无边无际的水，他记得锅里的水，于是想象出满天排开的水锅。再譬如漂亮的姑娘，匣子里说就像盛开的花朵，他实在不相信会是那样，母亲的灵柩被抬到远山上去的时候，路上正开遍着野花，他永远记得却永远不愿意去想。但他愿意想姑娘，越来越愿意想；尤其是野羊坳的那个尖声细气的小妮子，总让他心里荡起波澜。直到有一回匣子里唱道，“姑娘的眼睛就像太阳”，这下他才找到了一个贴切的形象，想起母亲在红透的夕阳中向他走来的样子。其实人人都是根据自己的所知猜测着无穷的未知，以自己的感情勾画出世界。每个人的世界就都不同。

也总有一些东西小瞎子无从想象，譬如“曲折的油狼”。

这天晚上，小瞎子跟着师傅在野羊坳说书，又听见那小妮子站在离他不远处尖声细气地说笑。书正说到紧要处——“罗成回马再交战，大胆苏烈又兴兵。苏烈大刀如流水，罗成长枪似腾云，如似海中龙吊宝，犹如深山虎争林。又战七日并七夜，罗成清茶无点唇……”老瞎子把琴弹得如雨骤风疾，字字句句唱得铿锵。小瞎子却心猿意马，手底下早乱了套数……

野羊岭上有一座小庙，离野羊坳村二里地，师徒二人就在这里住下。石头砌的院墙已经残断不全，几间小殿堂也歪斜欲倾百孔千疮，唯正中一间尚可遮蔽风雨，大约是因为这一间中毕竟还供奉着神灵。三尊泥像早脱尽了尘世的彩饰，还一身黄土本色返璞归真了，认不出是佛是道。院里院外、房顶墙头都长满荒藤野草，蓊蓊郁郁倒有生气。老瞎子每回到野羊坳说书都住在这儿，不出房钱又不惹事生非。小瞎子是第二次住在这儿。

散了书已经不早，老瞎子在正殿里安顿行李，小瞎子在侧殿的檐下生火烧水。去年砌下的灶稍加修整就可以用。小瞎子撅着屁股吹火，柴草不干，呛得他满院里转着圈咳嗽。

老瞎子在正殿里数叨他：“我看你能干好什么。”

“柴湿嘛。”

“我没说这事。我说的是你的琴，今儿晚上的琴你弹成了什么。”

小瞎子不敢接这话茬，吸足了几口气又跪到灶火前去，鼓着腮帮子一通猛吹。“你要是不想干这行，就趁早给你爹捎信把你领回去。老这么闹猫闹狗的可不行，要闹回家闹去。”

小瞎子咳嗽着从灶火边跳开，几步蹿到院子另一头，呼哧呼哧大喘气，嘴里一边骂。

“说什么呢？”

“我骂这火。”

“有你那么吹火的？”

“那怎么吹？”

“怎么吹？哼，”老瞎子顿了顿，又说，“你就当这灶火是那妮子的脸！”

小瞎子又不敢搭腔了，跪到灶火前去再吹，心想：真的，不知道兰秀儿的脸什么样。那个尖声细气的小妮子叫兰秀儿。

“那要是妮子的脸，我看你不用教也会吹。”老瞎子说。

小瞎子笑起来，越笑越咳嗽。

“笑什么笑！”

“您吹过妮子脸？”

老瞎子一时语塞。小瞎子笑得坐在地上。“日他妈。”老瞎子骂道，笑笑，然后变了脸色，再不言语。

灶膛里腾的 声，火旺起来。小瞎子再去添柴，一心想着兰秀儿。才散了书的那会儿，兰秀儿挤到他跟前来小声说：“哎，上回你答应我什么来？”师傅就在旁边，他没敢吭声。人群挤来挤去，一会儿又把兰秀儿挤到他身边。“噫，上回吃人家的煮鸡蛋倒白吃了？”兰秀儿说，声音比上回大。这时候师傅正忙着跟几个老汉拉话。他赶紧说：“嘘——我记着呢。”兰秀儿又把声音压低：“你答应给我听电匣子你还没给我听。”“嘘——我记着呢。”幸亏那会儿人声嘈杂。

正殿里好半天没有动静。之后，琴声响了，老瞎子又上好了一根新弦。他本来应该高兴的，来野羊坳头一晚就又弹断了一根琴弦。可是那琴声却低沉、凌乱。

小瞎子渐渐听出琴声不对，在院里喊：“水开了，师傅。”

没有回答。琴声一阵紧似一阵了。

小瞎子端了一盆热水进来。放在师傅跟前，故意嘻嘻笑着说：“您今儿晚还想弹断一根是怎么着？”

老瞎子没听见，这会儿他自己的往事都在心中。琴声烦躁不安，像是年年旷野里的风雨，像是日夜山谷中的溪流，像是奔奔忙忙不知所归的脚步声。小瞎子有点害怕了：师傅很久不这样了，师傅一这样就要犯病，头疼、心口疼、浑身疼，会几个月爬不起炕来。

“师傅，您先洗脚吧。”

琴声不停。

“师傅，您该洗脚了。”小瞎子的声音发抖。

琴声不停。

“师傅！”

琴声戛然而止，老瞎子叹了口气。小瞎子松了口气。

老瞎子洗脚，小瞎子乖乖地坐在他身边。

“睡去吧，”老瞎子说，“今儿可够累的了。”

“您呢？”

“你先睡，我得好好泡泡脚。人上了岁数毛病多。”老瞎子故意说得轻松。

“我等您一块儿睡。”

山深夜静。有了一点风，墙头的草叶子响。夜猫子在远处哀哀地叫。听得见野羊坳里偶尔有几声狗吠，又引得孩子哭。月亮升起来，白光透过残损的窗棂进了殿堂，照见两个瞎子和三尊神像。

“等我干吗，时候不早了。”

“你甭担心我，我怎么也不怎么。”老瞎子又说。

“听见没有，小子？”

小瞎子到底年轻，已经睡着。老瞎子推推他让他躺好，他嘴里咕囔了几句倒头睡去。老瞎子给他盖被时，从那身日渐发育的筋肉上觉出，这孩子到了要想那些事的年龄，非得有一段苦日子过不可了。唉，这事谁也替不了谁。

老瞎子再把琴抱在怀里，摩挲着根根绷紧的琴弦。心里使劲念叨：又断了一根了，又断了一根了。再摇摇琴槽，有轻微的纸和蛇皮的摩擦声。唯独这事能为他排忧解烦。一辈子的愿望。

小瞎子作了一个好梦。醒来吓了一跳，鸡已经叫了。他一骨碌爬起来听听，师傅正睡得香，心说还好。他摸到那个大挎包，悄悄地掏出电匣子，蹑手蹑脚出了门。

往野羊坳方向走了一会儿，他才觉出不对头，鸡叫声渐渐停歇，野羊坳里还是静静的没有人声。他愣了一会儿，鸡才叫头遍吗？灵机一动扭开电匣子。电匣子里也是静悄悄。现在是半夜。他半夜里听过电匣子，什么都没有。这匣子对他来说还是个表，只要扭开一听，便知道是几点钟，什么时候有什么节目都是一定的。

小瞎子回到庙里，老瞎子正翻身。

“干吗哪？”

“撒尿去了。”小瞎子说。

一上午，师傅逼着他练琴。直到晌午饭后，小瞎子才瞅机会溜出庙来，溜进野羊坳。鸡也在树荫下打盹儿，猪也在墙根下说着梦话，太阳又热得凶，村子里很安静。

小瞎子踩着磨盘，扒着兰秀儿家的墙头轻声喊：“兰秀儿——兰秀儿——”

屋里传出雷似的鼾声。

他犹豫了片刻，把声音稍稍抬高：“兰秀儿——！兰秀儿——！”

狗叫起来。屋里鼾声停了，一个闷声闷气的声音问：“谁呀？”

小瞎子不敢回答，把脑袋从墙头上缩下来。

屋里吧唧了一阵嘴，又响起鼾声。

他叹口气，从磨盘上下来，快快地往回走。忽听见身后嘎吱一声院门响，随即一阵细碎的脚步声向他跑来。

“猜是谁？”尖声细气。小瞎子的眼睛被一双柔软的小手捂上了。——这才多余呢。兰秀儿不到十五岁，认真说还是孩子。

“兰秀儿！”

“电匣子拿来没？”

小瞎子掀开衣襟，匣子挂在腰上。“嘘——别在这儿，找个没人的地方听去。”

“咋啦？”

“回头招好些人。”

“咋啦？”

“那么多人听，费电。”

两个人东拐西弯，来到山背后那眼小泉边。小瞎子忽然想起件事，问兰秀儿：“你见过曲折的油狼吗？”

“啥？”

“曲折的油狼。”

“曲折的油狼？”

“知道吗?”

“你知道?”

“当然。还有绿色的长椅。就一把椅子。”

“椅子谁不知道。”

“那曲折的油狼呢?”

兰秀儿摇摇头,有点崇拜小瞎子了。小瞎子这才郑重其事地扭开电匣子,一支欢快的乐曲在山沟里飘荡。

地方又凉快又没有人来打扰。

“这是‘步步高’。”小瞎子说,跟着哼。

一会儿又换了支曲子,叫“旱天雷”,小瞎子还能跟着哼。兰秀儿觉得很惭愧。

“这曲子也叫‘和尚思妻’。”

兰秀儿笑起来:“瞎骗人!”

“你不信?”

“不信。”

“爱信不信。这匣子里说的古怪事多啦。”小瞎子玩着凉凉的泉水,想了一会儿,“你知道什么叫接吻吗?”

“你说什么叫?”

这回轮到小瞎子笑,光笑不答。兰秀儿明白准不是好话,红着脸不再问。

音乐播完了,一个女人说:“现在是讲卫生节目。”

“啥?”兰秀儿没听清。

“讲卫生。”

“是什么?”

“嗯——你头发上有虱子吗?”

“去——别动!”

小瞎子赶忙缩回手来,赶忙解释:“要有就是不讲卫生。”

“我才没有。”兰秀儿抓抓头,觉得有些刺痒。

“噫——瞧你自个儿吧!”兰秀儿一把搬过小瞎子的头。“看我捉几个大的。”

这时候听见老瞎子在半山上喊:“小子,还不给我回来!该做饭了,吃罢饭还得去说书!”他已经站在那儿听了好一会儿了。

野羊坳里已经昏暗,羊叫、驴叫、狗叫、孩子们叫,处处起了炊烟。野羊岭上还有一线残阳,小庙正在那淡薄的光中,没有声响。

小瞎子又蹶着屁股烧火。老瞎子坐在一旁淘米,凭着听觉他能把米中的砂子捡出来。

“今天的柴挺干。”小瞎子说。

“嗯。”

“还是焖饭?”

“嗯。”

小瞎子这会儿精神百倍,很想找些话说,但是知道师傅的气还没消,心说还是少找骂。

两个人默默地干着自己的事,又默默地一块儿把饭做熟。岭上也没了阳光。

小瞎子盛了一碗小米饭,先给师傅:“您吃吧。”声音怯怯的,无比驯顺。

老瞎子终于开了腔:“小子,你听我一句行不?”

“嗯。”小瞎子往嘴里扒拉饭,回答得含糊。

“你要是不愿意听,我就不说。”

“谁说不愿意听了?我说‘嗯’!”

“我是过来人,总比你知道的多。”

小瞎子闷头扒拉饭。

“我经过那号事。”

“什么事?”

“又跟我贫嘴!”老瞎子把筷子往灶台上一摔。

“兰秀儿光是想听听电匣子。我们光是一块儿听电匣子来。”

“还有呢?”

“没有了。”

“没有了?”

“我还问她见没见过曲折的油狼。”

“我没问你这个!”

“后来,后来,”小瞎子不那么气壮了,“不知怎么一下就说起了虱子……”

“还有呢?”

“没了。真没了!”

两个人又默默地吃饭。老瞎子带了这徒弟好几年,知道这孩子不会撒谎,这孩子最让人放心的地方就是诚实、厚道。

“听我一句话,保准对你没坏处。以后离那妮子远点儿。”

“兰秀儿人不坏。”

我知道她不坏,可你离她远点儿好。早年你师爷这么跟我说,我也不信……”

“师爷？说兰秀儿?”

“什么兰秀儿,那会儿还没她呢。那会儿还没有你们呢……”老瞎子阴郁的脸又转向暮色浓重的天际,骨头一样白色的眼珠不住地转动,不知道在那儿他能“看”见什么。

许久,小瞎子说:“今儿晚上您多半又能弹断一根琴弦。”想让师傅高兴些。

这天晚上师徒俩又在野羊坳说书。“上回唱到罗成死,三魂七魄赴幽冥,听歌君子莫嘈嚷,列位听我道下文。罗成阴魂出地府,一阵旋风就起身,旋风一阵来得快,长安不远面前存……”老瞎子的琴声也乱。小瞎子的琴声也乱。小瞎子回忆着那双柔软的小手捂在自己脸上的感觉,还有自己的头被兰秀儿搬过去时的滋味。老瞎子想起的事情更多……

夜里老瞎子翻来覆去睡不安稳,多少往事在他耳边喧嚣,在他心头动荡,身体里仿佛有什么东西要爆炸。坏了,要犯病,他想。头昏,胸口憋闷,浑身紧巴巴的难受。他坐起来,对自己叨咕:“可别犯病,一犯病今年就甭想弹够那些琴弦了。”他又摸到琴。要能叮叮当当随心所欲地疯弹一阵,心头的忧伤或许就能平息,耳边的往事或许就会消散。可是小瞎子正睡得香甜。

他只好再全力去想那张药方和琴弦:还剩下几根,还只剩最后几根了。那时就可以去抓药了,然后就能看见这个世界——他无数次爬过的山,无数次走过的路,无数次感到过她的温暖和炽热的太阳,无数次梦想着的蓝天、月亮和星星……还有呢？突然间心里一阵空,空得深重。就只为了这些？还有什么？他朦胧中所盼望的东西似乎比这要多得多……

夜风在山里游荡。

猫头鹰又在凄哀地叫。

不过现在他老了,无论如何没几年活头了,失去的已经永远失去了,他像是刚刚意识到这一点。七十年中所受的全部辛苦就为了最后能看一眼世界,这值得吗？他问自己。

小瞎子在梦里笑,在梦里说:“那是一把椅子,兰秀儿……”

老瞎子静静地坐着,静静地坐着的还有那三尊分不清是佛是道的泥像。

鸡叫头遍的时候老瞎子决定，天一亮就带这孩子离开野羊坳，否则这孩子受不了，他自己也受不了。兰秀儿人不坏，可这事会怎么结局，老瞎子比谁都“看”得清楚。鸡叫二遍，老瞎子开始收拾行李。

可是一早起来小瞎子病了，肚子疼，随即又发烧。老瞎子只好把行期推迟。

一连好几天，老瞎子无论是烧火、淘米、捡柴，还是给小瞎子挖药、煎药，心里总在说：“值得，当然值得。”要是不这么反反复复对自己说，身上的力气几乎就全要垮掉。“我非要最后看一眼不可。”“要不怎么着？就这么死了去？”“再说就只剩下最后几根了。”后面三句都是理由。老瞎子又冷静下来，天天晚上还到野羊坳去说书。

这一下小瞎子倒来了福气。每天晚上师傅到岭下去了，兰秀儿就猫似的轻轻跳进庙里来听匣子。兰秀儿还带来熟的鸡蛋，条件是得让她亲手去扭那匣子的开关。“往哪边扭？”“往右。”“扭不动。”“往右，笨货，不知道哪边是右哇？”“咔嗒”一下，无论是什么便响起来，无论是什么两人都爱听。

又过了几天，老瞎子又弹断了三根琴弦。

这一晚，老瞎子在野羊坳里自弹自唱：“不表罗成投胎事，又唱秦王李世民。秦王一听双泪流，可怜爱卿丧残身，你死一身不打紧，缺少扶朝上将军……”

野羊坳上的小庙里这时更热闹。电匣子的音量开得挺大，又是孩子哭，又是大人喊，轰隆隆地又响炮，嘀嘀嗒嗒地又吹号。月光照进正殿，小瞎子躺着啃鸡蛋，兰秀儿坐在他旁边。两个人都听得兴奋，时而大笑，时而稀里糊涂莫名其妙。

“这匣子你师傅哪买来？”

“从一个山外头的人手里。”

“你们到山外头去过？”兰秀儿问。

“没。我早晚要去一回就是，坐坐火车。”

“火车？”

“火车你也不知道？笨货。”

“噢，知道知道，冒烟哩是不是？”

过了一会儿兰秀儿又说：“保不准我就得到山外头去。”语调有些恓惶。

“是吗？”小瞎子一挺坐起来，“那你到底瞧瞧曲折的油狼是什么。”

“你说是不是山外头的人都有电匣子？”

“谁知道。我说你听清楚没有？曲、折、的、油、狼，这东西就在山外头。”

“那我得跟他们要一个电匣子？”兰秀儿自言自语地想心事。

“要一个?”小瞎子笑了两声，然后屏住气，然后大笑：“你干吗不要俩？你可真本事大。你知道这匣子几千块钱一个？把你卖了吧，怕也换不来。”

兰秀儿心里正委屈，一把揪住小瞎子的耳朵使劲拧，骂道：“好你个死瞎子。”

两个人在殿堂里扭打起来。三尊泥像袖手旁观帮不上忙，两个年轻的正在发育的身体碰撞在一起，纠缠在一起，一个把一个压在身下，一会儿又颠倒过来，骂声变成笑声。匣子在一边唱。

打了好一阵子，两个人都累得住了手，心怦怦跳，面对面躺着喘气，不言声儿，谁却也不愿意再拉开距离。

兰秀儿呼出的气吹在小瞎子的脸上，小瞎子感到了诱惑，并且想起那天吹火时师傅说的话，就往兰秀儿脸上吹气。兰秀儿并不躲。

“嘿，”小瞎子小声说，“你知道接吻是什么吗?”

“是什么?”兰秀儿的声音也小。

小瞎子对着兰秀儿的耳朵告诉她。兰秀儿不说话。老瞎子回来之前，他们试着亲了嘴儿，滋味真不坏……

就是这天晚上，老瞎子弹断了最后两根琴弦。两根弦一齐断了。他没料到。他几乎是连跑带爬地上了野羊岭，回到小庙里。

小瞎子吓了一跳：“怎么了，师傅?”

老瞎子喘吁吁地坐在那儿，说不出话。

小瞎子有些犯嘀咕：莫非是他和兰秀儿干的事让师傅知道了？

老瞎子这才相信：一切都是值得的。一辈子的辛苦是值得的。能看一回，好好看一回，怎么都是值得的。

“小子，明天我就去抓药。”

“明天?”

“明天。”

“又断了一根了?”

“两根。两根都断了。”

老瞎子把那两根弦卸下来，放在手里揉搓了一会儿，然后把它们并到另外的九百九十八根中去，绑成一捆。

“明天就走?”

“天一亮就动身。”

小瞎子心里一阵发凉。老瞎子开始剥琴槽上的蛇皮。

“可我的病还没好利索。”小瞎子小声叨咕。

“噢，我想过了，你就先留在这儿，我用不了十天就回来。”

小瞎子喜出望外。

“你一个人行不？”

“行！”小瞎子紧忙说。

老瞎子早忘了兰秀儿的事。“吃的、喝的、烧的全有。你要是病好利索了，也该学着自个儿去说回书。行吗？”

“行。”小瞎子觉得有点对不住师傅。

蛇皮剥开了，老瞎子从琴槽中取出一张叠得方方正正的纸条。他想起这药方放进琴槽时，自己才二十岁，便觉得浑身上下都好冷。

小瞎子也把那药方放在手里摸了一会儿，也有了几分肃穆。

“你师爷一辈子才冤呢。”

“他弹断了多少根？”

“他本来能弹够一千根，可他记成了八百。要不然他能弹断一千根。”

天不亮老瞎子就上路了。他说最多十天就回来，谁也没想到他竟去了那么久。

老瞎子回到野羊坳时已经是冬天。

漫天大雪，灰暗的天空连接着白色的群山。没有声息，处处也没有生气，空旷而沉寂。所以老瞎子那顶发了黑的草帽就尤其攒动得显著。他蹒蹒跚跚地爬上野羊岭，庙院中衰草瑟瑟，蹿出一只狐狸，仓皇逃远。

村里人告诉他，小瞎子已经走了些日子。

“我告诉他等我回来。”

“不知道他干吗就走了。”

“他没说去哪儿？留下什么话没？”

“他说让您甭找他。”

“什么时候走的？”

人们想了好久，都说是在兰秀儿嫁到山外去的那天。

老瞎子心里便一切全都明白。

众人劝老瞎子留下来，这么冰天雪地的上哪去？不如在野羊坳说一冬天书。老瞎子指指他的琴，人们见琴柄上空荡荡已经没了琴弦。老瞎子面容也憔悴，呼吸也孱弱，嗓音也沙哑了，完全变了个人。他说得去找他的徒弟。

若不是还想着他的徒弟，老瞎子就回不到野羊坳。那张他保存了五十年的药方原来是一张无字的白纸。他不信，请了多少个识字而又诚实的人帮他看，人人都说那果真是一张无字的白纸。老瞎子在药铺前的台阶上坐了一会儿，他以为是一会儿，其实已经几天几夜，骨头一样的眼珠在询问苍天，脸色也变成骨头一样的苍白。有人以为他是疯了，安慰他，劝他。老瞎子苦笑：七十岁了再疯还有什么意思？他只是再不想动弹，吸引着他活下去、走下去、唱下去的东西骤然间消失干净。就像一根不能拉紧的琴弦，再难弹出悦耳的曲子。老瞎子的心弦断了，准确地说，是有一端空无所系了。一根琴弦需要两个点才能拉紧。心弦也要两个点——一头是追求，一头是目的——你才能在中间这紧绷的过程上弹响心曲。现在发现那目的原来是空的。老瞎子在一个小客店里住了很久，觉得身体里的一切都在熄灭。他整天躺在炕上，不弹也不唱，一天天迅速地衰老。直到花光了身上所有的钱，直到忽然想起他的徒弟，他知道自己的死期将至，可那孩子在等他回去。

茫茫雪野，皑皑群山，天地之间攒动着一个黑点。走近时，老瞎子的身影弯得如一座桥。他去找他的徒弟。他知道那孩子目前的心情、处境。

他想自己先得振作起来，但是不行，前面明明没有了目标。

他一路走，便怀恋起过去的日子，才知道以往那些奔奔忙忙兴致勃勃的翻山、走路、弹琴，乃至心焦、忧虑都是多么欢快！那时有个东西把心弦扯紧，虽然那东西原是虚设。老瞎子想起他师傅临终时的情景。他师傅把那张自己没用上的药方封进他的琴槽。“您别死，再活几年，您就能睁眼看一回了。”说这话时他还是个孩子。他师傅久久不言语，最后说：“记住，人的命就像这琴弦，拉紧了才能弹好，弹好了就够了。”……不错，那意思就是说：目的本来没有。不错，他的一辈子都被那虚设的目的拉紧，于是生活中叮叮当当才有了生气。重要的是从那绷紧的过程中得到欢乐，老瞎子知道怎么对自己的徒弟说了。可是他又想：能把一切都告诉小瞎子吗？老瞎子又试着振作起来，可还是不行，总摆脱不掉那无字的白纸……

在深山里，老瞎子找到了小瞎子。

小瞎子正跌倒在雪地里，一动不动，想那么等死。老瞎子懂得那绝不是装出来的悲哀。老瞎子把他拖进一个山洞，他已无力反抗。

老瞎子捡了些柴，打起一堆火。

小瞎子渐渐有了哭声，老瞎子放了心，任他尽情尽意地哭。只要还能哭就还有救，只要还能哭就有哭够的时候。

小瞎子哭了几天几夜,老瞎子就那么一声不吭地守候着。火光和哭声惊动了野兔子、山鸡、野羊、狐狸和鹞鹰……

终于小瞎子说话了:"干吗咱们是瞎子!"

"就因为咱们是瞎子。"老瞎子回答。

终于小瞎子又说:"我想睁开眼看看,师傅,我想睁开眼看看!哪怕就看一回。"

"你真那么想吗?"

"真想,真想——"

老瞎子把篝火拨得更旺些。

雪停了。铅灰色的天空中,太阳像一面闪光的小镜子。鹞鹰在平稳地滑翔。

"那就弹你的琴弦,"老瞎子说,"一根一根尽力地弹吧。"

"师傅,您的药抓来了?"小瞎子如梦方醒。

"记住,得真正是弹断的才成。"

"您已经看见了吗?师傅,您现在看得见了?"

小瞎子挣扎着起来,伸手去摸师傅的眼窝。老瞎子把他的手抓住。

"记住,得弹断一千二百根。"

"一千二?"

"把你的琴给我,我把这药方给你封在琴槽里。"老瞎子现在才懂了师傅当年对他说的话——咱的命就在这琴弦上。

目的虽是虚设的,可非得有不行,不然琴弦怎么拉紧,拉不紧就弹不响。

"怎么是一千二,师傅?"

"是一千二。我没弹够,我记成了一千。"老瞎子想:这孩子再怎么弹吧,还能弹断一千二百根?永远扯紧欢跳的琴弦,不必去看那无字的白纸……

这地方偏僻荒凉,群山不断。荒草丛中随时会飞起一对山鸡,跳出一只野兔、狐狸,或者其他小野兽。山谷中鹞鹰在盘旋。

现在让我们回到开始:

莽莽苍苍的群山之中走着两个瞎子,一老一少,一前一后,两顶发了黑的草帽起伏攒动,匆匆忙忙,像是随着一条不安静的河水在漂流。无所谓从哪儿来、到哪儿去,也无所谓谁是谁……

一九八五年四月二十日

合　欢　树

世界上有一种最美丽的声音，那便是母亲的呼唤。

——但丁

十岁那年，我在一次作文比赛中得了第一。母亲那时候还年轻，急着跟我说她自己，说她小时候的作文做得还要好，老师甚至不相信那么好的文章会是她写的。“老师找到家来问，是不是家里的大人帮了忙。我那时可能还不到十岁呢。”我听得扫兴，故意笑：“可能？什么叫可能还不到？”她就解释。我装作根本不再注意她的话，对着墙打乒乓球，把她气得够呛。不过我承认她聪明，承认她是世界上长得最好看的女的。她正给自己做一条蓝地白花的裙子。

二十岁，我的两条腿残废了。除去给人家画彩蛋，我想我还应该再干点别的事，先后改变了几次主意，最后想学写作。母亲那时已不年轻，为了我的腿，她头上开始有了白发。医院已明确表示，我的病目前没办法治。母亲的全副心思却还放在给我治病上，到处找大夫，打听偏方，花了很多钱。她倒总能找来些稀奇古怪的药，让我吃，让我喝，或是洗、敷、熏、灸。“别浪费时间啦！根本没用！”我说。我一心只想着写小说，仿佛那东西能把残疾人救出困境。“再试一回，不试你怎么知道会没用？”她说每一回都虔诚地抱着希望。然而对我的腿，有多少回希望就有多少回失望。最后一回，我的胯上被熏成烫伤。医院的大夫说，这实在太悬了，对于瘫痪病人，这差不多是要命的事。我倒没太害怕，心想死了也好，死了倒痛快。母亲惊惶了几个月，昼夜守着我，一换药就说：“怎么会烫了呢？我还直留神呀？”幸亏伤口好起来，不然她非疯了不可。

后来她发现我在写小说。她跟我说：“那就好好写吧。”我听出来，她对治好我的腿也终于绝望。“我年轻的时候也最喜欢文学，”她说。“跟你现在差不多大的时候，我也想过搞写作，”她说。“你小时候的作文不是得过第一？”她提醒我说。我们俩都尽力把我的腿忘掉。她到处去给我借书，顶着雨或冒着雪推我去看电影，像过去给我找大夫、打听偏方那样，抱了希望。

三十岁时，我的第一篇小说发表了，母亲却已不在人世。过了几年，我的另一篇小说又侥幸获奖，母亲已经离开我整整七年。

获奖之后，登门采访的记者就多。大家都好心好意，认为我不容易。但是我只准备了一套话，说来说去就觉得心烦。我摇着车躲出去。坐在小公园安静的树林里想：

上帝为什么早早地召母亲回去呢？迷迷糊糊的，我听见回答：“她心里太苦了。上帝看她受不住了，就召她回去。”我的心得到一点安慰，睁开眼睛，看见风正在树林里吹过。

我摇车离开那儿，在街上瞎逛，不想回家。

母亲去世后，我们搬了家。我很少再到母亲住过的那个小院儿去。小院儿在一个大院儿的尽里头，我偶尔摇车到大院儿去坐坐，但不愿意去那个小院儿，推说手摇车进去不方便。院子里的老太太们还都把我当儿孙看，尤其想到我又没了母亲，但都不说，光扯些闲话，怪我不常去。我坐在院子当中，喝东家的茶，吃西家的瓜。有一年，人们终于又提到母亲：“到小院儿去看看吧，你妈种的那棵合欢树今年开花了！”我心里一阵抖，还是推说手摇车进出太不容易。大伙就不再说，忙扯到别的，说起我们原来住的房子里现在住了小两口，女的刚生了个儿子，孩子不哭不闹，光是瞪着眼睛看窗户上的树影儿。

我没料到那棵树还活着。那年，母亲到劳动局去给我找工作，回来时在路边挖了一棵刚出土的“含羞草”，以为是含羞草，种在花盆里长，竟是一棵合欢树。母亲从来喜欢那些东西，但当时心思全在别处，第二年合欢树没有发芽，母亲叹息了一回，还不舍得扔掉，依然让它长在瓦盆里。第三年，合欢树却又长出了叶子，而且茂盛了。母亲高兴了很多天，以为那是个好兆头，常去侍弄它，不敢再大意。又过一年，她把合欢树移出盆，栽在窗前的地上，有时念叨，不知道这种树几年才开花。再过一年，我们搬了家，悲痛弄得我们都把那棵小树忘记了。

与其在街上瞎逛，我想，不如就去看看那棵树吧。我也想再看看母亲住过的那间房。我老记着，那儿还有个刚来到世上的孩子，不哭不闹，瞪着眼睛看树影儿。是那棵合欢树的影子吗？小院儿里只有那棵树。

院儿里的老太太们还是那么欢迎我，东屋倒茶，西屋点烟，送到我眼前。大伙都不知道我获奖的事，也许知道，但不觉得那很重要；还是都问我的腿，问我是否有了正式工作。这回，想摇车进小院儿真是不能了。家家门前的小厨房都扩大了，过道窄得一个人推自行车进出也要侧身。我问起那棵合欢树。大伙说，年年都开花，长得跟房子一样高了。这么说，我再看不见它了。我要是求人背我去看，倒也不是不行。我挺后悔前两年没有自己摇车进去看看。

我摇着车在街上慢慢走，不急着回家。人有时候只想独自静静地待一会。悲伤也成享受。

有一天那个孩子长大了，会想起童年的事，会想起那些晃动的树影儿，会想起他自己的妈妈。他会跑去看看那棵树。但他不会知道那棵树是谁种的，是怎么种的。

老海棠树

如果可能，如果有一块空地，不论窗前屋后，要是能随我的心愿种点什么，我就种两棵树。一棵合欢，纪念母亲。一棵海棠，纪念我的奶奶。

奶奶，和一棵老海棠树，在我的记忆里不能分开。好像她们从来就在一起，奶奶一生一世都在那棵老海棠树的影子里张望。

老海棠树近房高的地方，有两条粗壮的枝丫，弯曲如一把躺椅，小时候我常爬上去，一天一天地就在那儿玩。

春天，老海棠树摇动满树繁花，摇落一地雪似的花瓣。我记得奶奶坐在树下糊纸袋，不时地冲我唠叨："就不说下来帮帮我？你那小手儿糊得多快。"我在树上东一句西一句地唱歌。奶奶又说："我求过你吗？这回活儿紧！"我说："我爸我妈根本就不想让您糊那破玩意儿，是您自己非要这么累。"奶奶于是不再吭声，直起腰，喘口气，这当儿就呆呆地张望——从粉白的花间，一直到无限的天空。

或者夏天，老海棠树枝繁叶茂，奶奶坐在树下的浓阴里，又不知从哪儿找来补花的活儿，戴着老花镜，埋头于床单或被罩，一针一线地缝。天色暗下来时她冲我喊："你就不能劳驾去洗洗菜？没见我忙不过来吗？"我跳下树，洗菜，胡乱一洗了事。奶奶生气了："你们上班上学，就是这么糊弄？"奶奶把手里的活儿推开，一边重新洗菜一边说："我就一辈子给你们做饭？就不能有我自己的工作？"这回是我不再吭声。奶奶洗好菜，重新捡起针线，从老花镜上缘抬起眼，又会有一阵子愣愣地张望。

有年秋天，老海棠树照旧果实累累，落叶纷纷。早晨，天还昏暗，奶奶就起来去扫院子，"唰啦——唰啦——"，院子里的人都还在梦中。那时我大些了，正在插队，从陕北回来看她。那时奶奶一个人在北京，爸和妈都去了干校。那时奶奶已经腰弯背驼。"唰啦唰啦"的声音把我惊醒，赶紧跑出去："您歇着吧，我来，保证用不了三分钟。"可这回奶奶不要我帮。"咳，你呀，你还不懂吗？我得劳动。"我说："可谁能看得见？"奶奶说："不能那样，人家看不看得见是人家的事，我得自觉。"她扫完了院子又去扫街。"我跟您一块儿扫，行不？""不行。"

这样我才明白，曾经她为什么执意要糊纸袋，要补花，不让自己闲着。有爸和妈养活她，她不是为挣钱，她为的是劳动。她的成分随了爷爷算地主。虽然我那个地主爷爷三十几岁就一命归天，是奶奶自己带着三个儿子苦熬过几十年，但人家说什么？人家说："可你还是吃了那么多年的剥削饭。"这话让她无地自容。她要用行动证明。证明什么呢？她想着她未必不能有一天自食其力。奶奶的心思我有点懂了：什么时候她才能像爸和妈那样，有一份名正言顺的工作呢？大概这就是她的张望吧，就是那老海棠树下屡屡的迷茫与空荒。不过，这张望或许还要更远大些——她说过：得跟上时代。

所以冬天，在我的记忆里，几乎每一个冬天的晚上，奶奶都在灯下学习。窗外，风中，老海棠树枯干的枝条敲打着屋檐，摩擦着窗棂。奶奶曾经读一本《扫盲识字课本》，再后是一字一句地念报纸上的头版新闻。在《奶奶的星星》里我写过：她学《国歌》一课时，把"吼声"念成了"孔声"。我写过我最不能原谅自己的一件事：奶奶举着一张报纸，小心地凑到我跟前："这一段，你给我说说，到底什么意思？"我看也不看地就回答："您学那玩意儿有用吗？您以为把那些东西看懂，您就真能摘掉什么帽子？"奶奶立刻不语，唯低头盯着那张报纸，半天目光都不移动。我的心一下子收紧，但知已无法弥补。"奶奶。""奶奶！""奶奶——"我记得她终于抬起头时，眼里竟全是惭愧，毫无对我的责备。

但在我的印象里，奶奶的目光慢慢离开那张报纸，离开灯光，离开我，在窗上老海棠树的影子那儿停留一下，继续离开，离开一切声响甚至一切有形，飘进黑夜，飘过星光，飘向无可慰藉的迷茫和空荒……而在我的梦里，我的祈祷中，老海棠树也便随之轰然飘去，跟随着奶奶，陪伴着她，围拢着她；奶奶坐在满树的繁花中，满地的浓阴里，张望复张望，或不断地要我给她说说："这一段到底是什么意思？"——这形象，逐年地定格成我的思念，和我永生的痛悔。

奶奶的星星（节选）

世界给我的第一个记忆是：我躺在奶奶怀里，拼命地哭，打着挺儿，也不知道是为了什么，哭得好伤心。窗外的山墙上剥落了一块灰皮，形状像个难看的老头儿。奶奶搂着我，拍着我，"噢——噢——"地哼着。我倒更觉得委屈起来。"你听！"奶奶忽然说："你快听，听见了么……"我愣愣地听，不哭了，听见了一种美妙的声音，飘飘的、缓缓的……是鸽哨儿？是秋风？是落叶划过屋檐？或者，只是奶奶在轻轻地哼唱？直到现在我还是说不清。"噢噢——睡觉吧，麻猴来了我打它……"那是奶奶的催眠曲。屋顶上有一片晃动的光影，是水盆里的水反射的阳光。光影也那么飘飘的、缓缓的，变幻成和平的梦境，我在奶奶怀里安稳地睡熟……

我是奶奶带大的。不知有多少人当着我的面对奶奶说过："奶奶带起来的，长大了也忘不了奶奶。"那时候我懂些事了，趴在奶奶膝头，用小眼睛瞪那些说话的人，心想：瞧你那讨厌样儿吧！翻译成孩子还不能掌握的语言就是：这话用你说么？

奶奶愈紧地把我搂在怀里，笑笑："等不到那会儿哟！"仿佛已经满足了的样子。

"等不到哪会儿呀？"我问。

"等不到你孝敬奶奶一把铁蚕豆。"

我笑个没完。我知道她不是真那么想。不过我总想不好，等我挣了钱给她买什么。爸爸、大伯、叔叔给她买什么，她都是说："用不着花那么多钱买这个。"

奶奶最喜欢的是我给她踩腰、踩背。一到晚上，她常常腰疼、背疼，就叫我站到她身上去，来来回回地踩。她趴在床上"哎哟哎哟"的，还一个劲夸我："小脚丫踩上去，软软乎乎的，真好受。"我可是最不耐烦干这个，她的腰和背可真是够漫长的。"行了吧？"我问。"再踩两趟。"我大跨步地打了个来回："行了吧？""唉，行了。"我赶快下地，穿鞋，逃跑……

于是我说："长大了我还给您踩腰。"

"哟，那还不把我踩死？"

过了一会儿我又问："您干吗等不到那会儿呀？"

"老了，还不死？"

"死了就怎么了？"

"那你就再也找不着奶奶了。"

我不嚷了，也不问了，老老实实依偎在奶奶怀里。那又是世界给我的第一个可怕的印象。

一个冬天的下午，一觉醒来，不见了奶奶，我扒着窗台喊她，窗外是风和雪。"奶奶出门儿了，去看姨奶奶。"我不信，奶奶去姨奶奶家总是带着我的。我整整哭喊了一个下午，妈妈、爸爸、邻居们谁也哄不住，直到晚上奶奶出我意料地回来。这事大概没人记得住了，也没人知道我那时想到了什么。小时候，奶奶吓唬我的最好办法，就是说："再不听话，奶奶就死了！"

夏夜，满天星斗。奶奶讲的故事与众不同，她不是说地上死一个人，天上就熄灭了一颗星星，而是说，地上死一个人，天上就又多了一个星星。

“怎么呢？”

“人死了，就变成一个星星。”

“干吗变成星星呀？”

“给走夜道儿的人照个亮儿……”

我们坐在庭院里，草茉莉都开了，各种颜色的小喇叭，掐一朵放在嘴上吹，有时候能吹响。奶奶用大芭蕉扇给我轰蚊子。凉凉的风，蓝蓝的天，闪闪的星星，永远留在我的记忆里。

那时候我还不懂得问，是不是每个人死了都可以变成星星，都能给活着的人把路照亮。

奶奶已经死了好多年。她带大的孙子忘不了她。尽管我现在想起她讲的故事，知道那是神话，但到夏天的晚上，我却时常还像孩子那样，仰着脸，揣摩哪一颗星星是奶奶的……我慢慢去想奶奶讲的那个神话，我慢慢相信，每一个活过的人，都能给后人的路途上添些光亮，也许是一颗巨星，也许是一把火炬，也许只是一支含泪的烛光……

奶奶是小脚儿。奶奶洗脚的时候总避开人。她避不开我，我是“奶奶的影儿”。

“这有什么可看的！快着，先跟你妈玩去。”

我蹲在奶奶的脚盆前不走。那双脚真是难看，好像只有一个大脚趾和一个脚后跟。

“您疼吗？”

“疼的时候早过去啦。”

“这会儿还疼吗？”

“一碰着，就疼。”

我本来想摸摸她的脚，这下不敢了。我伸一个指头，拨弄拨弄盆里的水。

“你看受罪不！”

我心疼地点点头。

“赶明儿奶奶一喊你，你就回来，奶奶追不上你。嗯？”

我一个劲点头，看着她那两只脚，心里真害怕。我又看看奶奶的脸，她倒没有疼的样子。

“等我妈老了，脚也这样儿了吧？”

一句话把奶奶问得哭笑不得。妈妈在外屋也忍不住地笑，过来把我拉开了。奶奶还在里屋念叨："唉，你妈赶上了好时候，你们都赶上了好时候……"

晚上睡在奶奶身旁，我还想着这件事，想象着一个老妖婆(就像《白雪公主》里的那个老妖婆，鼻子有钩，脸是蓝的)，用一条又长又结实的布使劲勒奶奶的脚。

"您妈是个老妖婆!"我把头扎在奶奶的脖子下，说。

"这孩子，胡说什么哪?"奶奶一愣，摸摸我的头，怀疑我是在说梦话。

"那她干吗把您的脚弄成那样儿呀?"

奶奶笑了，叹口气："我妈那还是为我好呢。"

"好屁!"我说。平时我要是这么说话，奶奶准得生气，这回没有。

"要不能到了你们老史家来?"奶奶又叹气。

"我不姓屎！我姓方!"我喊起来。"方"是奶奶的姓。

奶奶也笑，里屋的妈妈和爸爸也笑。但不知为什么，他们都不像往常那样笑得开心。

"到你们老史家来，跟着背黑锅。我妈还当是到了你们老史家，能享多大福呢……"奶奶总是把"福"读成"斧"的音。

老史家是怎么回事呢？奶奶干吗总是那么讨厌老史家呢？反正我不姓屎，我想。

月光照在窗纸上，一个个长方格，还有海棠树的影子。街上传来吆喝声，听不清是卖什么的，总拖着长长的尾音。我看见奶奶一眨不眨地睁着眼睛想事。

"奶奶。"

"嗯？睡吧。"奶奶把手伸给我。

奶奶想什么呢？她说过，她小时候也有一双能蹦能跳的脚。拉着奶奶的手睡觉，总能睡得香甜。我梦见奶奶也梳着两个小"抓髻"，踢踢踏踏地跳皮筋儿，就像我们院里的惠芬三姐，两个"抓髻"，两只大脚片子……

小时候，我一天到晚都是跟着奶奶。妈妈工作的地方很远，尤其是冬天，她要到天挺黑挺黑的时候才能回来。爸爸在里屋看书、看报，把报纸弄得窸窸窣窣地响。奶奶坐在火炉边给妈妈包馄饨。我在一旁跟着添乱，捏一个小面饼贴在炉壁上，什么时候掉下来就熟了。我把面粉弄得满身全是。

"让你别弄了，看把白面糟蹋的!"奶奶掸掸我身上的面粉，给我把袄袖挽上。

"那您给我包一个'小耗子'!"

“这是馄饨，包饺子时候才能包‘小耗子’。”

可奶奶还是擀了一个饺子皮，包了一个“小耗子”。和饺子差不多，只是两边捏出了好多褶儿，不怎么像耗子。

“再包一只‘猫’！”

又包一只“猫”。有两只耳朵，还有点像。

“看到时候煮不到一块儿去，就说是你捣乱。”

“行，就说是我包的！”

奶奶气笑了：“你要会包了，你妈还美。”

“唉，你们都赶上了好时候。”我拉长声音学着往常奶奶的语调：“看你妈这会儿有多美！”

奶奶常那么说。奶奶最羡慕妈妈的是，有一双大脚，有文化，能出去工作。有时候，来了好几个妈妈的同事，她们“叽叽嘎嘎”地笑，说个没完，说单位里的事。我听不懂，靠在奶奶身上直想睡觉。奶奶也未必听得懂，可奶奶特别爱听，坐在一个不碍事的地方，支棱着耳朵，一声不响。妈妈她们大声笑起来。奶奶脸上也现出迷茫的笑容，并不太清楚她们笑的是什么。“妈，咱们包饺子吧。”妈妈对奶奶说。奶奶吓了一跳，忙出去看火，火差点就要灭了。奶奶听得把什么都忘了。客人们走后，奶奶的情绪一下子低落了，说：“你们刷碗、添火吧，我累了。”妈妈让奶奶躺会儿。奶奶不躺，坐在那儿发呆。好半天，奶奶又是那句话：“唉，你们都赶上了好时候。”爸爸、妈妈都悄悄的。只有我敢在这时候接奶奶的茬：“看你妈多美，大脚片子，又有文化，单位里一大伙子人，说说笑笑多痛快。”“可不是么。我就是没上过学。我有个表妹……”“知道，知道。”我又把话茬接过去，“您有个表妹，上过学，后来跑出去干了大事。”“可不真的？”奶奶倒像个孩子那样争辩。“您表妹也吃食堂？”我这一问把爸爸、妈妈全逗乐了。奶奶有些尴尬：“六七岁讨人嫌。”奶奶骂我只会这一句。不知为什么，奶奶特别羡慕别人吃食堂，说起她羡慕或崇拜的人来，最后总要说明一句：“人家也吃食堂。”

后来，一九五八年，街道上也办了食堂。奶奶把家里的好多坛坛罐罐都贡献了出去。她愿意早早地到食堂门口去等着开饭。中午，爸爸、妈妈都不回来，她叫我放了学到食堂去找她。卖饭的窗口开了，她第一个递上饭票去：“要一个西红柿，一个……嗯……”她把“一个”咬得特别清楚，但却不自然；她有些不好意思，但又很骄傲似的。现在回想起来，她大概是觉得自己和那些能出去工作的人相仿了，可她毕竟又没出去工作过。

那是一九七五年，奶奶七十三岁。那夜奶奶没有再醒来。我发现的时候，她的身体已经变凉。估计是脑溢血。很可能是脑溢血。

给奶奶穿鞋的时候我哭了。那双小脚儿，似乎只有一个大拇趾和一个脚后跟。这双脚走过了多少路啊。这双脚曾经也是能蹦能跳的。如今走到了头。也许她还在走，走进了天国，在宇宙中变成了一颗星星……

老海棠树还活着，枝叶间，星星在天上。我认定那是奶奶的星星。

一九八三年十一月十一日

学习任务

一、 词语积累。 摘录喜欢的词语，工整地抄写在表格内。

1. 老师推荐

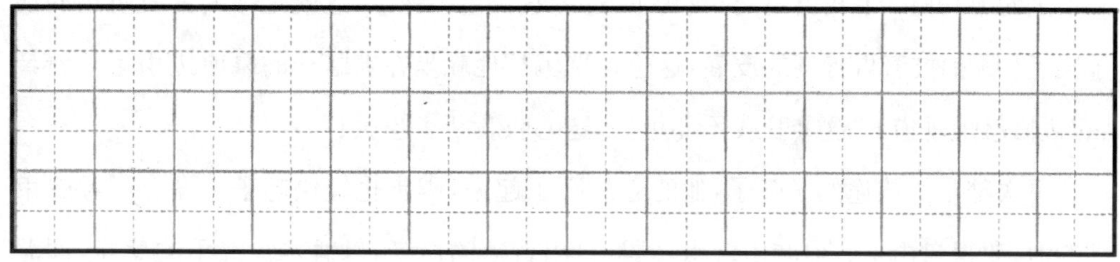

（清华大学 1988 级计算机系计 86 班　邓俊辉

邓老师现为清华大学计算机科学与技术系教授）

2. 我的选择

二、 批注留念。 边读书，边批注。 挑选一则最满意的批注，写入下表。

摘　录	批　注

三、以读导写。任选一题完成。

1.《命若琴弦》是史铁生的代表作品。在结尾处，小瞎子和老瞎子的故事还没有讲完，请你为这个故事续写一个结尾。

【同学分享】

没过多久老瞎子便去世了，留小瞎子一人孤身在这江湖闯荡。小瞎子改掉了顽劣的性格，成为一个普通的说书先生，每天赶赶路，说说书，拉拉琴。在不同的城镇中走走停停，如同机械般重复着无趣的生活。他心里只有那一千二百根琴弦，他也想泄愤，可他不知道自己因什么而愤怒。有次他在集市中打开琴盒，不料被人撞到，一张纸飞了出去，小瞎子忙嚷嚷道："你们有没有看到一张纸，大概这么大，"他用手比画着，"真的很重要，那是我治好眼睛的唯一方法了！"一道轻蔑的声音响起："嘁，不就是张白纸啊……"小瞎子惊慌地说："不……不可能的，师傅他不会骗我！"众多围观的人也凑上前来，以怜悯、似嘲讽地说："这孩子真可怜，被自己师傅骗了。"小瞎子低头，不语。

小瞎子翻过了崇山峻岭，回到了最初的野羊坳。那里有他那段欢快的记忆，他最爱的那个人，和他师傅的墓碑。他坐在山顶，对着老瞎子的墓碑不甘地大喊："你毁了你的一生，为什么现在还要毁了我！一辈子拉琴说书，你做到了什么！那是张白纸！白纸！你明知道为什么还让我拉断一千二百根琴弦再看！我不想一辈子当个碌碌无为除了说书什么也不懂的瞎子！不，我不愿意，我不想像你一样成为一个没有追求、不求上进的无用瞎子！我就是瞎，我认了，这琴我再也不弹了，这就是你们骗我所用的幌子罢了！哪怕披着再善良的皮囊，这也是欺骗！"他就坐在老瞎子的墓前边用手扯着琴弦，边愤怒地吼道："这琴弦我不要可好，这心弦我断了也罢！"

再次踏上了旅途的小瞎子，他的心活跃了起来，脚步也轻快起来。没有了琴弦束缚的他，变得自由了。他游山玩水，倾听日出日落的声音，触碰水流经手的感觉，闻泥土的芳香，一切都那么没有意义，又那么有意义。渐渐地，他接触到一位音乐家，他开始重新学习弹琴，小瞎子爱上了音乐，不为别的。日出时分，他为太阳升起、鸟儿清脆婉转的声音伴奏；傍晚时分，他又为血红的落日、一天的逝去而激昂演奏。的确，他没有放下伴他多年的琴，他依旧演奏着琴，只是这琴弦更加有韧性，琴声也更加广阔、悠长……

最后的最后，他弹断的琴弦早就超过了一千二百根，不过这早已没什么意义了。

他现在是个音乐家，他不在乎弹断了多少根弦，他在乎的是心之所向。

（初1705班　浮齐予）

【点评指导】

这篇文章构思精巧，没有落入小瞎子继续弹断一千二百根琴弦的窠臼，而是出现戏剧性的一幕，让小瞎子提前知道了真相。结尾的安排上，作者借小瞎子的话，表达了自己对目标追求的看法，应该追求自己心中的目标，而不是虚设的目标。看似与史铁生的本意不同，但是内核是有相通之处的。

2．阅读《合欢树》《老海棠树》《奶奶的星星》三篇文章，以史铁生的口吻，写一段内心活动，作为史铁生对奶奶和妈妈的情感告白。

【同学分享】

合欢树长大了，老海棠树也还活着。

原来这就是物是人非啊。

母亲似乎穿上了一条蓝底白花的裙子，站在合欢树下，看着树上花开花落。奶奶坐在老海棠树下，远远地不知张望着什么，迷茫而又空荒。

我希望天堂的母亲，可以做一切她喜欢的事，而不是一直照顾我。她依旧很漂亮，依旧很聪明。

我希望天国的奶奶，可以忘掉她的出身，赶上好的时代，而不是为了证明自己而不断劳动。

而我，写着文章，回忆着过去的点点滴滴。

（初1712班　王韵涵）

【点评指导】

告白没有流于干涩的抒情，而是能从具象入手，情感把握得真实、真诚，不造作。抒发情感能扣住情节。

四、以评促思。任选一题完成。

1．结合《对话四则》《命若琴弦》等史铁生的文章，谈谈你如何理解《命若琴弦》中“记住，人的命就像这琴弦，拉紧了才能弹好，弹好了就够了”。

【同学分享】

读史铁生的作品之前，我从未想过人生的目的、过程等问题，读了这篇文章之后，我对自己的生命有了新的思考。人生不需要多么轰轰烈烈，而应该珍视成长中的每一天。

人生像琴弦一样：一根琴弦需要两个点才能拉紧。一头是追求，一头是目的，拉紧了才能弹好，弹好了就够了，目的本来就没有。不错，老瞎子生活的全部意义就在拨弄琴弦这一过程中。当老瞎子知道所谓的药方就是一张白纸，这个打击对于他来说无疑是晴天霹雳。他知道自己死期将至，可是在野羊坳的小瞎子还在等他回去。他得先振作起来。一路上，他怀念起过去走过的日子，才知道以往那些忙忙碌碌、兴致勃勃地翻山、赶路、弹琴，乃至心焦、忧虑都是那么快乐！那时有个东西把心弦拉紧，虽然那东西原是虚设，但是那东西让他以前的生活充满了憧憬，向往着光明。现在他彻底想通了：目的本来就没有。不错，他这一辈子都被虚设的目的拉紧，于是生活中叮叮当当才有了生气，重要的是从那绷紧的过程中得到了欢乐。

而在史铁生的另一个著作《对话四则》里，也表达了和《命若琴弦》相同的道理。这篇文章主要讲的就是关于死、关于生、关于职业和事业、关于平等。在关于生中，有这样一段话："比如说踢足球，全场九十分钟常常才进一两个球，有时候甚至是零比零，那么目的是什么呢？就是过程，在这九十分钟的过程中证明和欣赏生命矫健、坚强、智慧和优美。其实要想多进球还不简单吗？只要越位不算犯规，大伙都上大门那儿等着去，要不干脆一开始就罚点球，保险进球多。可是那样就没意思了，没有了过程，就没有了趣味，没有了快乐。在真正的球迷看来，过程比目的要紧。"没错，目的就是过程，我们追求一个个所谓的目的，不过是为了把弦拉紧，把过程过好。

（初1705班　王紫玥）

【点评指导】

这个问题是个哲学问题，对于一个初一的孩子很不容易回答。本文作者没有说空话、大话，而是做了真诚的思考，追问了生命的本质意义以及如何活出自己的生命价值。思考没有脱离文本，夹叙夹议，又引用原文，作者在作品和现实思考中出入自如。

2. 请你结合本专题的文章，概述史铁生是一个怎样的人，并谈一谈在他身上是怎样体现"自强不息，厚德载物"的。

【同学分享】

史铁生——向死而生

史铁生二十余岁双腿瘫痪，此后一生被病魔缠绕。他说过，他的职业是生病，副业是写作。这是命运跟他开的多么荒谬的玩笑呀。在人生的青春、光辉岁月里，失掉了轰轰烈烈走一遭的可能。他也曾沉沦，也曾漫游到地坛里任静谧将他埋葬。但他最终拾起了笔，因为他觉得那东西“能把残疾人救出困境”。

在文字里，他找到了生命的意义，找到了关爱人、好好活下去的力量和勇气。

在病魔的长期伴随中，他对生、对死有了超越常人的感悟。他说，命若琴弦，拉紧了才能弹好。他就用自己的一生，用自己的文字，不屈地抗争着，直到他文字的意义超越了死亡，而自己也在文字中觅得了归宿。正是如此一种向死而生、不屈于命运的伟大精神，炼就了今日的史铁生。

“微笑着，去唱生活的歌谣。不要抱怨生活给予了太多苦难，不必抱怨生命中有太多曲折。”正是通过与死亡共舞，史铁生迈过了一个个轮椅过不去的挫折与障碍，诠释了“自强不息，厚德载物”的精神。

（初 1714 班　张明昊）

【点评指导】

在对史铁生的“自强不息”的理解上，认识比较高。不是仅仅把握史铁生残疾后的奋斗，而是能把握他的“向死而生”，从而对其一切作品的理解有了一个很阔大的基础。

更上层楼

⊙阅读理解

清华不是个读书的好地方

余冠英[①]

① 我曾问人：清华大学和清华园这两个名字将来谁更出风头？有人说：照眼前的事实看来，风头是属于后者的较多。这话大概没有什么错罢？你说：可不是嘛！大门口的“清华园”三个字是皇皇[②]石刻而且巍巍居中，“国立清华大学”六个字便是写在木头牌上而且只好一旁侍立呢。我说：决不止此！

② 清华的来宾往往是踵[③]趾[④]相接的。假如我说这些人之中被清华园的草、木、泉、石所吸引的一定比为了看清华大学的图书、仪器、标本、机械而来的多五十倍，该没有人反对罢？那末，无怪其然你一写信约朋友来玩，多半说“请来园子里逛逛罢”，而很少用“请到敝校参观参观”。清华原是“园”的空气多于“大学”的空气啊。

③ 这样便可以转到正题了，“清华不是个读书的好地方”理由不和“春天不是读书天”一般简单吗？春天有比读书更有趣的事让你做，清华有比读书更有趣的事叫你不得不做。

---

① 余冠英(1906—1995)，中国古典文学专家。1906 年生于江苏扬州，1995 年 9 月 2 日卒于北京。1931 年毕业于清华大学，后在清华大学、西南联大等校任教。

② 皇皇：大，如皇皇巨著。

③ 踵：脚后跟。

④ 趾：脚指头。

④ 最可怪的，没有一个外人不对清华人赞叹："贵校的读书环境真好！"而每一个清华人，纵然是最谦虚的你，也决不曾摇头否认。这是什么意思？你当真相信清华最适于读书么？我不信你比我缺少那些经验，随便举一件便可以做这句话的反证。

⑤ 远的不用说，就以最近这两个礼拜说罢，你如曾有一次整个钟头耐心耐意地坐在教室里笔记，那才是奇迹呢！你有眼看得见黑板上的白字，当然也有眼看得见窗外那些轻摇慢舞的鹅黄细柳，那些笑靥[①]迎人的碧桃，那些像有胭脂要滴下枝来的朱梅，那些火似的、像有一种要扑到你身上来的热情的不知名的花，那些，那些……迷人的东西，真的没有把你的心从 a、b、c、d 中勾走么？就算你是道学家，有"目不窥园"的修养，还有玫瑰呢，丁香呢，它们会放香！熏风[②]从那里钻进窗户，又在你鼻端打了一个回旋，你心不动么？就算你受了春寒，鼻子不通，还有云雀呢，杜鹃呢，远远地唱起来了，蜜蜂又团在窗外哼，甚至一双燕子索性坐在窗槛[③]上说起情话来了，你又待怎样防御呢？总之，一切都引得你的心往外飞，这时的心，固然教授们的什么论，什么史，什么法，什么问题，什么公式抓它不住，便是你书中的颜如玉也照样不行。

⑥ 再切实一点举例罢，你在三院教室，即使正听着法国革命史这样热闹的演讲，你也会忽然想到钓鱼的事情。因为你看见窗外的垂柳了，你自然会联想到正被那柔丝拂着的一河春水，和那正在水面吹沫的游鱼，也许那树杈上正搁着一根钓竿呢。

⑦ 相类的事多着呢，譬如你在科学馆做化学实验，虽然一分钟的不当心也会发生烧炸瓶子的危险，你竟然在那里想到，今天该约你的玛丽，或是莎菲，或是兰妹，或是蕙妹散步去了，这一念怎会闯进来的？因为只要你眼睛向窗外瞥[④]一下，你不会看不见古月堂前那可爱的树木和那曲折通幽的小径哟。

⑧ 决不止此！你在图书馆为了听见啄木鸟朗朗的鼓声而悠然掩卷的次数一定不在少，至于在生物馆听到稻田里水禽相唤而神游研究室之外的事，更不用数计了。

⑨ 决不止此！你从新大楼挟着书走出来，有时自会觉得心里一动：怎么啦？原来那体育馆遮不住的一角青山蓦然跳到你的眼里来了。

⑩ 平时犹可，倘在宿雨初晴，或是夕阳将下，你的心会因而怦怦地跳个不住。因为那平时只是轻描淡写的青山，这时会紫得叫你感到重量，浓得像要溢出它的轮廓；平

---

① 靥：酒窝儿。

② 熏风：和暖的南风或东南风。

③ 槛：栏杆。

④ 瞥：短时间地大略看看。

时是远远的，缥缈[1]的，平面的，这时却堆起来了，逼近了。于是你惊得喘了一口气，于是你忘了本来要去的地方，于是你拔步向西飞跑，越过草地，爬上土山，于是山呀，树呀，云呀，浮图[2]呀，都一涌来到你的眼里。这时燕京大学的塔，万寿山的琳琅宫宇，甚至圆明园的断垣残柱，一切都富于色彩，一切都放射光辉，一切都给你幻想，这幻想竟和这镶金镀紫的云块一般变幻奇丽。于是你呆了，直到树迷山暝[3]，归巢的乱鸦将你唤醒，你才跄踉[4]下山，恍恍惚惚地向灯火辉煌的食堂走去，也许直等一碗烩三鲜下肚之后你才想起今天缺了一堂什么课或是缺席一次什么练习了。

⑪ 你点头笑了，这就够了，我想我不用再举你为了西园捉蛙，荷塘摘莲蓬，西园塑雪狮或是大礼堂晒太阳一类傻事而费去你用功的大好光阴的例子。

⑫ 但是你不要脸红，这并不怪你的心野，只怪自然中间有些东西太迷人了，而清华偏又具备了这样多。就如极平常的马路罢，在清华偏偏高高地罩着翠柳的凉阴，并且还满布槐花的香气，散步一类的事，你自然会觉得是难以遏制的欲望了。说到马路，不过是举其最平常、最微末的，你要我谈谈清华的景物吗？清华有的是回环层叠的土山，山里有的是苍松、老桧、藤、萝、竹、石，以及人工设置的小亭和长椅，爱远眺的可以高处攀登，爱幽僻的可以深处追寻，各适其适。清华也有四通八达的水。说到水，最富丽的是三面河环一面巨厦的河池，富于野趣的就该数西园长着芦苇的水田了。

⑬ 燕大的湖虽然有人艳羡不止，我终以为那样大泥塘似的，正落了北平的许多“海”的陈套，我宁可取清华园里横贯东西的校河。好处在河身修长而且微有曲折，两岸的树丰茂可喜，河上几座桥都很好。在桥上，近可以看鱼，远可以看迷离的树影。可惜就是来源不大，所以下游不得不用一个闸，因而水流很缓，虽然有平静之美，终嫌缺少活泼的气象。因此那被挤到墙外，环园而流的小溪就更可爱了。

⑭ 说到那小溪，又是你最熟悉的去处了，那里的淙淙[5]水声往往费你整个下午去坐听。你有时嫌乡村姑嫂捣衣的聒[6]扰，便不在西园的门外石上坐，而走到极东的一端来，或者顺着溪流拐一个弯，找到只剩你一个人的幽静地方，随处有光洁可坐的石头，有满身凉翠的树荫，有和流泉相应的蝉吟，于是你用柳条戏弄戏弄聚在水曲的小

---

① 缥缈：隐隐约约，若有若无。
② 浮图：指佛塔。
③ 暝：日落，天黑。
④ 跄踉 ：走路不稳。
⑤ 淙淙：形容流水的声音。
⑥ 聒：声音吵闹，使人厌烦。

鱼，或投一个石子在那一个个碗大的小旋涡里，或伸一只脚在石块激成半尺高的小瀑布之下，你那时或许有出世[①]之想了。

⑮ 打住罢，假如再谈到清华的“花事”，一定更引起你的烦恼，我知道你现在正为了园里的丁香花盛开而满处乱钻，总找不到一个地方可以躲这香气，急得想找医生给你的鼻子动手术呢。

⑯ 言归正传，清华虽是一个大学，而同时又是一个园，所以环境并不利于读书，这是我的观察。不过现在我又疑惑了，据我所知，清华的毕业生读书的成绩正被人家评为“不错”呢，这又当作何解释？呵，我懂了！这叫作“地灵人杰”，据说山水明秀的地方，灵气所钟，人物自然也会明秀，所以“水木清华”的清华园，人物也一样非常之“清华”了。然则我这个题目根本就是一句废话，该由我自动收回，那么“谢罪”！

1．第⑤段中有一句话“总之，一切都引得你的心往外飞”，请指出“一切”都包含哪些事物，作者是从哪些感官角度来描写这些事物的？

2．朗读第⑩段，文中说“于是你呆了”，什么使人“呆了”，请简要概括一下。

3．文章题目“清华不是个读书的好地方”听上去好像太不够正能量了，如果把它换成“清华园之美”怎么样？谈谈你的看法。（不少于100字）

【参考答案】

1．包含轻摇慢舞的鹅黄细柳，笑靥迎人的碧桃，像有胭脂要滴下枝来的朱梅，火似的、像有一种要扑到你身上来的热情的不知名的花，以及玫瑰、丁香、熏风，另外还有唱歌的杜鹃、嗡嗡的蜜蜂和说情话的燕子。第一组植物是从视觉角度描写的，主要写它们的颜色“鹅黄”“碧绿”“朱”；第二组植物是从嗅觉角度描写的，主要写它们的香气；第三组动物是从听觉角度描写的，主要写它们的悦耳动听。

2．体育馆远处的青山和变幻的浮云，配合燕京大学的塔，万寿山的琳琅宫宇，甚至圆明园的断垣残柱，有一种变幻奇丽的震撼的美感，所以使人“呆了”，以至于忘记了时间。

3．本文题目为“清华不是个读书的好地方”，结尾又说“这个题目根本就是一句废话”，看似矛盾，但其实并不矛盾。作者采用欲扬先抑的手法，借“清华不是个读书的好地方”这一理由的陈述，将清华园春天的美景一一铺叙出来，特别是用“不读书”来强调清华美景的诱人之处，然后在结尾处点明因清华园“山水明秀”，人物也一样“明秀”“清华”，充分肯定了清华人杰地灵的特点。如果换成“清华园之美”，题目太大，反而不容易突出重点。

---

① 出世：佛教用语，指超脱人世束缚。

清华“永远的校长”梅贻琦

徐百柯

① 梅贻琦(1889—1962),字月涵,天津人。第一批庚款留美学生,历任清华学校教员、物理系教授、教务长等职,1931—1948年任清华大学校长。

② 1931年12月3日,在清华大学校长就职典礼上,梅贻琦留下了中国大学史上最著名的一句话:“所谓大学者,非有大楼之谓也,有大师之谓也。”

③ 他本人从来没有被称为“大师”,但在他的任内,却为清华请来了众多的大师,并为后世培养出了众多的大师。他被称为清华“永远的校长”。在遍布世界的清华校友心目中,提到梅贻琦就意味着清华,提到清华也就意味着梅贻琦。

④ 一位清华的老校友在纪念梅贻琦的文章中称:“母校以‘自强不息,厚德载物’八字为校训。历届毕业同学,凡是请梅先生题纪念册的,梅先生辄书此两语为勉。梅先生一生行谊,也正可以这两句来说明。”

⑤《易经》上说:“天行健,君子以自强不息;地势坤,君子以厚德载物。”梅贻琦在世人的心目中,正是这样一位“君子”。

⑥ 清华早期著名的体育教员马约翰曾经这样评价梅贻琦:“他有他的人格……真君子 Real Gentleman 的精神。梅先生不但是一个真君子,而且是一个中西合璧的真君子,他一切的举措态度,是具备中西人的优美部分。”

⑦ 梅贻琦生性不爱说话,被称为“寡言君子”。早在1909年考取第一批庚款留美学生时,他那“从容不迫的态度”就给人留下了深刻的印象。在发榜那天,考生们都很活跃,考上的喜形于色,没考上的则面色沮丧。只有瘦高的梅贻琦,始终神色自若,“不慌不忙、不喜不忧地在那里看榜”,让人觉察不出他是否考取——而实际上,在630名考生当中,他名列第六。

⑧ “一二·九”运动后,清华曾经发生过数千军警闯入学校逮捕学生的事件。事前得知了这个消息,学校的几位领导人在梅贻琦家里商量如何应对。大家说了很多意见,惟有梅校长默然不发一言,最后大家都等他说话,足足有两三分钟,他还是抽着烟一句话不说。冯友兰教授问:“校长——你看怎么样?”梅贻琦还是不说话。叶公超教授忍不住了,问道:“校长,您是没有意见而不说话,还是在想着而不说话?”他隔了几秒钟回答:“我在想,现在我们要阻止他们来是不可能的,我们现在只可以想想如何减少他们来了之后的骚动。”

⑨ 后来，学生们怀疑军警特工手里的名单是校方提供的，所以把教务长架到大礼堂前接受质问，并有学生扬言要打。此时，他们的校长身着一件深灰色长袍，从科学馆方向慢步走来，登上台阶，对着二三百学生，有半分钟未发一言，然后用平时讲话同样的声调，慢吞吞地说出了5个字："要打，就打我！"

⑩ 梅贻琦嗜酒，并且在这一点上也堪称"君子"，以至于被酒友们尊为"酒圣"。考古学大师李济回忆："我看见他喝醉过，但我没看见他闹过酒。这一点在我所见的当代人中，只有梅月涵先生与蔡孑民（蔡元培）先生才有这种'不及乱'的记录。"

⑪ 曾经有一篇纪念他的文章，叫作《清华和酒》。"在清华全校师生员工中，梅先生的酒量可称第一……大家都知道梅先生最使人敬爱的时候，是吃酒的时候，他从来没有拒绝过任何敬酒人的好意，他干杯时那种似苦又喜的面上表情，看到过的人，终身不会忘记。"

⑫ 1947年，抗战胜利之后清华第一次校庆，在体育馆摆了酒席，由教职员开始，然后1909级，逐级向校长敬酒。梅贻琦总是老老实实地干杯，足足喝了40多杯。

⑬ "他的情趣是那种很单纯的，一种……不晓得……一种很特别的幽默感。"他的儿媳、北大退休教授刘自强女士在接受记者采访时，眼睛微微向上，显然沉浸在一种温馨的回忆中，想寻找一种确切表达来描述她的校长和公公。"那时候校长住在清华园甲所。我有一次去他那儿，梅太太病了，我就看见他到前面的小花园里，摘了一朵他自己种的花，紫色的，不知道叫什么名字，到梅太太的卧室去送给她。"

⑭ 1955年梅先生在台湾新竹创建清华大学并任校长，直至逝世。

（选自《中国青年报》）

1. 第⑤段画线句子在全文起了什么作用？

2. 文章说梅贻琦先生是一个真君子，他的君子风度体现在哪些方面？请结合文章简要说明。

3. 文章标题称梅贻琦为"永远的校长"，试根据文意谈谈你对"永远"的理解。

4. 清华大学校史研究学者黄延复先生曾著有《一个时代的斯文：清华校长梅贻琦》，梅贻琦被称为清华"永远的校长"，请上网阅览关于梅贻琦先生的生平介绍和轶事，并摘录一两句梅贻琦先生的名言。

【参考答案】

1. (1) 起承上启下的过渡作用。承接上文梅先生灌输清华校训，引出下文梅先生以此为铭具体践行"厚德载物"的种种表现；

(2) 这句话又有统摄全篇的作用。

2. (1) 寡言少语,喜怒不形于色;

(2) 沉着冷静,有主见;

(3) 敢于担当,爱护同事;

(4) 嗜酒而不闹酒;

(5) 志趣单纯。

3. "永远"指他树立了清华大学办学的价值理念,留下经典名言,延揽并造就大师,是清华"厚德载物"思想追求的代表和象征。"永远"包含先生开一代风气,包含对清华人文、精神、理念奠基性地位的肯定。"永远"是说他的人格风范、默默的君子气度对清华影响的深远,让人感念不已,给后世以启迪。

4. 略

秋天的怀念

史铁生

① 双腿瘫痪以后,我的脾气变得暴怒无常。望着望着天上北归的雁阵,我会突然把面前的玻璃砸碎;听着听着李谷一甜美的歌声,我会猛地把手边的东西摔向四周的墙壁。母亲就悄悄地躲出去,在我看不见的地方偷偷地听着我的动静。当一切恢复沉寂,她又悄悄地进来,眼边红红的,看着我。"听说北海的花都开了,我推着你去走走。"她总是这么说,母亲喜欢花,可自从我的腿瘫痪后,她侍弄的那些花都死了。"不,我不去!"我狠命地捶打这两条可怕的腿。喊着:"我活着有什么劲!"母亲扑过来抓住我的手,忍住哭声说:"咱娘儿俩在一块儿,好好儿活,好好儿活……"

② 可我却一直都不知道,她的病已经到了那步田地,后来妹妹告诉我,她常常肝疼得整宿整宿翻来覆去睡不了觉。

③ 那天我又独自在屋里,看着窗外的树叶"唰唰啦啦"地飘落。母亲进来了,挡在窗前:"北海的菊花开了,我推着你去看看吧。"她憔悴的脸上现出央求般的神色。"什么时候?""你要是愿意,就明天?"她说,我的回答已经让她喜出望外了。"好吧,就明天。"我说。她高兴得一会儿坐下,一会儿站起:"那就赶紧准备准备。""哎呀,烦不烦?几步路,有什么好准备的!"她也笑了,坐在我身边,絮絮叨叨地说:"看完菊花,咱们就去'仿膳',你小时候就爱吃那儿的豌豆黄儿。还记得那回我带你去北海吗?你偏说那杨树花是毛毛虫,跑着,一脚踩一个……"她忽然不说了。对于"跑"和"踩"一类的字

儿，她比我还敏感。她又悄悄地出去了。

④ 她出去了，就再也没回来。

⑤ 邻居们把她抬上车时，她还在大口大口地吐着鲜血。我没想到她已经病成那样，看着三轮车远去，也绝没想到那竟是永远的诀别。

⑥ 邻居家的小伙子背着我去看她的时候，她正艰难地呼吸着，像她那一生艰难的生活。别人告诉我，她昏迷前的最后一句话是："我那个有病的儿子和那个还未成年的女儿……"

⑦ 又是秋天，妹妹推我去北海看菊花。黄色的花淡雅，白色的花高洁，紫红色的花热烈而深沉，泼泼洒洒，秋风中正开得烂漫。我懂得母亲没有说完的话。妹妹也懂。我俩在一块儿，要好好儿活……

1. 为什么"自从我的腿瘫痪后，她侍弄的那些花都死了"？

2. 文章第①③段反复写到母亲要推"我"去看北海的菊花，为什么？

3. 第③段中画线部分是什么描写？表现了什么？

4. 最后一段为什么要着意写北海的菊花？

5. 第①段中写道："母亲就悄悄地躲出去，在我看不见的地方偷偷地听着我的动静。"对这句话的含义理解正确的一项是(　　)。

A. 母亲充分体谅儿子的痛苦心情，所以在儿子发脾气时，悄悄躲出去，让儿子彻底发泄心中的痛苦，但又担心儿子做出"傻事"，偷偷地听着儿子的动静

B. 母亲非常疼爱儿子，看见儿子痛苦时的举动，母亲忍受不了，悄悄躲出去，自己暗自伤心，但又怕儿子做出"傻事"，所以偷偷地关注着儿子的动静

C. 母亲了解儿子的倔强性格，可是面对儿子瘫痪的双腿，却又无可奈何，每当儿子折磨自己时，为了不伤他的自尊心，就悄悄躲出去，等着儿子恢复平静的心态

D. 母亲理解儿子的痛苦，心疼他，但又受不了儿子"暴怒无常"的脾气，就悄悄躲出去，等着儿子恢复平静的心态

【参考答案】

1. 因为母亲精心照顾我，顾不得侍弄花了。

2. 她想让我看看外面的世界，并能像菊花一样坚强，绽放出自己的美丽。

3. 动作描写，表现了母亲高兴得不知所措。

4. 写出了秋天的美，也写了母爱的美，写出了"我"不再自卑，能像菊花那样坚强。

5. A

⊙文章写作

写作指导

如何选材

文章如何选材？首先必须论立意，不能孤立地谈如何选材，或曰“真实”“典型”“以小见大”云云。为什么呢？因为立意高低决定文章成败，选材亦为其制约。关于立意与选材之间的关系，形象的说法是，立意为帅，选材是兵。一方面，立意是第一位的、决定性的；另一方面，选材是辅助性的，为意所统领。但是，现状是，立意往往草草过，专在选材上做文章，因为立意实在难，选材则可以平时积少成多，容易抱佛脚。这实在是舍本逐末之举，应该警醒。因此，要学会如何选材必须首先深悟立意对选材的重要意义，这一点古人言简意赅之论述，颇有启示。

船山先生（王夫之）在《夕堂永日绪论内编》之语尤为精妙：“无论诗歌与长文，俱以意为主。意犹帅也。无帅之兵，谓之乌合。李、杜所以称大家者，无意之诗，十不得一二也。烟云泉石，花鸟苔林，金铺锦帐，寓意则灵。”按船山先生的意思，可以推论，立意不“胜”，选材即为“乌合”，通俗地讲，文章立意不好，选材再好又有什么用呢？同时，选材也必须为意所统帅，即“寓意”，不能离开意去玩选材。杜牧也有类似的观点：“凡为文以意为主……以辞采章句为之兵卫。”“苟意不先立，止以文彩辞句绕前捧后，是言愈多而理愈乱，如入阛阓，纷纷然莫知其谁，暮散而已。是以意全胜者，辞愈朴而文愈高；意不胜者，辞愈华而文愈鄙。是意能遣辞，辞不能成意。”杜牧之言更进了一层，指明立意不好给文章带来的危害，“意不胜者，辞愈华而文愈鄙”，强调先立“胜”意，再去选材弄文彩辞句。

上面说的都是“理”，明白这个“理”很重要，由此才能很好地指导实践。说到实践，梁启超、史铁生等清华的名家大师则提供了最好的指引。梁启超的文章平易畅达、汩汩滔滔，雄辩非常，《少年中国说》是典型，《论君子》也是一例，旁征博引，不拘“家法”，随意选材（这里不一一列举）。但是，一般人往往止于为其汪洋恣肆的文彩辞句魔力所折服，但是少有人洞见其“开文章之新体，激民气之暗潮”的立意和胆魄。这实在是因小失大。要向梁先生学选材，必先学其立意，方可能达到“着意原资妙选材”（袁枚《随园诗话》）的境界。在当代名家中，史铁生无疑是学习立意选材的最佳导师。以他的《我与地坛》为例，第二小节是写母亲，其中写母亲对自己的挂念，史铁生选择了一个细节：“有一回我摇车出了小院，想起一件什么事又返身回来，看见母亲仍站在原地，还是送我走时的姿势，望着我拐出小院去的那处墙角，对我的回来竟一时没有反应。”这一细节特别令人动容，生动地展现了母亲的爱。长达万言的《我与地坛》中有很多这样的精妙选材。但是，值得注意的是，仅仅堆砌这些选材并不能成就《我与地坛》和史铁生，这些选材可能并不是史铁生所独有，他所独有的是史铁生个性化的人生和思考以及将其转化为文字的立意，他选择和运用这些材料的过程正是他对生命价值和意义感悟和深思的过程。这是他独有的“意”，这种“意”统帅了这些选材，这些选材“寓意”其中，独具灵性，由此意“胜”与材“灵”兼备，相辅相成，相得益彰，达到美的境界。

所以，“选材”基于“立意”。如果没有对生活的细致品味和感受，没有开阔的视野和心胸，有好的“选材”也不能捕捉到。反之，如果眼睛里有生活有人，能品味到“生趣”，那作起文来，就不愁没有好的选材。

写作实践

从“清华印象”和“我亦清华人”两个作文题目中任选一题，写一篇文章。

【同学分享】

清华印象

初1606班　张淑婷

“西山苍苍，东海茫茫，吾校庄严，巍然中央……”伴着歌声，我走进了这个圆明园的一角——清华园。

我从小学开始来到了清华园，一进校园，仿佛置身于“空调房”中，即使是在最炎热的盛夏，一进清华便身心俱静，很快能目不窥园地开始学习。

我一直认为清华最美的地方就是工字厅门前的一片小树林，那儿并不是什么景点，却有种如仙境一般的美，一片片树林郁郁葱葱，阳光从天上射下来，透过树叶，在地上映出许多发光的小泡泡，每当来到这里，我便想起陶渊明写的《桃花源记》，世外桃源，美不胜收。

最庄严的地方就要属大礼堂了，每当走到二校门遥望大礼堂的时候，历史像幻灯片一般，一篇一篇地在我眼前掠过，清华的厚重历史总能让人热泪盈眶。

我挥洒汗水最多的地方是陈明游泳馆前的篮球场。因为四年级时个子太矮，每天放学后，妈妈都会带我来这儿打上一个小时的篮球，半年就长了五厘米！打完篮球，总是像掉进池塘一样全身湿透，可我明白，那是挥洒胜利与坚持的汗水，也是“健康工作五十年”的保障。

我的梦想说近也近，说远也远，就是通过自身的努力考进清华大学。可能是从小在这里成长，已经成了习惯，感情深厚，又有可能是被这里的氛围与环境所感染。

相信通过特长进入清华附中是通往我梦想的第一站，也是梦想长跑的起跑线。相信真正地做到“自强不息”，努力学习，我可以实现我的梦想！

清华是最美的地方，清华是最庄严的地方，清华是我挥洒汗水的地方……清华是我梦想起航的地方！

【点评指导】

文章条理清晰，感情真挚，在清华生活中选取了三个具体的地点，分别阐述了自己对清华的印象：清华园之美，清华园之庄严，清华园之运动。文末总结，清华是她梦开始的地方，也是她最终梦想要到达的地方。从字里行间可以读出作者的自豪与奋斗的动力。

【同学分享】

我亦清华人

初1609班　吴梦晗

清华人，一个多么骄傲、多么自豪的称呼，因为这个称呼，令许多人佩服、敬重以及向往。今天，我也要像他们那样，无比自豪地说一声：“我亦清华人！”

我在清华附中里学习，自然也就成为清华大学里的常客。那些充满生机的植物，四季常青的松柏，出淤泥而不染的荷花，碧波荡漾的“西湖”，还有“为有暗香来”引我前去的丁香、百合、玉兰，这一切的一切，都引得无数游客前来观赏，而我，在听到他们赞不绝口的惊叹声时，总有一种引以为豪的满足感。

我也是清华人。毫不夸张地说，清华的每一处地方、每一个角落都或多或少有我的足迹，马路旁郁郁葱葱、高大挺拔的树木为我遮阴，绿油油的青草在烈日的照射下依然微笑着向我挥手。清华里，每一幢教学楼前我都驻足仰望，它们或崭新如初，或爬满爬山虎、充满古朴浓郁的气息。在清华大学工字厅旁，我仰读了清华人王国维先生的碑文，他所有的“独立之精神，自由之思想”不禁令我敬佩。而王国维先生提出的读书三境界，早已成为我的目标，我也要成为像他一样的清华人。

我也是清华人。“自强不息　厚德载物”的校训，不知在我心中默诵了多少遍，清华附中和清华大学那悠扬婉转又高亢的校歌一次次从我的声带中滑出，那旋律无时无刻不在我脑海中回响。

我是清华人。朱自清先生的《春》令我折服向往，《围城》的经典深奥自钱钟书大文豪的笔下流出。同样是清华人的梁启超先生书写的《少年中国说》让我壮怀激烈，他那激昂奋进的笔触与无比精妙绝伦的对比论证、类比论证……它们，不仅存在于我密密麻麻的笔记中，也同样在我的心中警醒着我。

清华“永远的校长”梅贻琦先生是我最为尊敬的人，从他身上我学到了清华人的精神，自强不息，厚德载物，从容不迫，沉着冷静，敢于担当……清华人的精神数不胜数，不敢说我是和他一样大情大气的清华人，但我也能做一名小清华人。

遍赏清华万千美景，谨记读书真境界，熟知校训校歌，拜读清华人的文章，学习清华人的精神，这一切事物不恰恰像数学证明公式一样证明了一件事吗？

我，亦清华人！

【点评指导】

作者是一名清华附中的学生。虽然只是个学生，但她能够从自身的角度出发，通过自己所感受到的清华，从赏景、读书、唱校歌、学文章、品精神几个方面，写出了清华人应该有的品质。感情真挚，语言细腻优美。

⊙综合实践

1. 清华大学有许多名人名言，在校歌、碑文、匾额等风物上，也有许多意味隽永的句子，请你以“清华园里的名句”为主题，创作一幅书法作品，在班里进行展示。

【同学分享】

惟此獨立之精神自由之思想

歷千萬祀與天壤而同久共

三光而永光

初二七零八班趙亮寫於京

2．学校组织同学参观清华大学，请你在地图上标注出清华主要景点的位置，并设计规划游览路线。

主要景点：二校门　校训石　邺架轩　海宁王静安先生纪念碑　西南联大纪念碑　闻亭与闻一多像　水木清华

【同学分享】

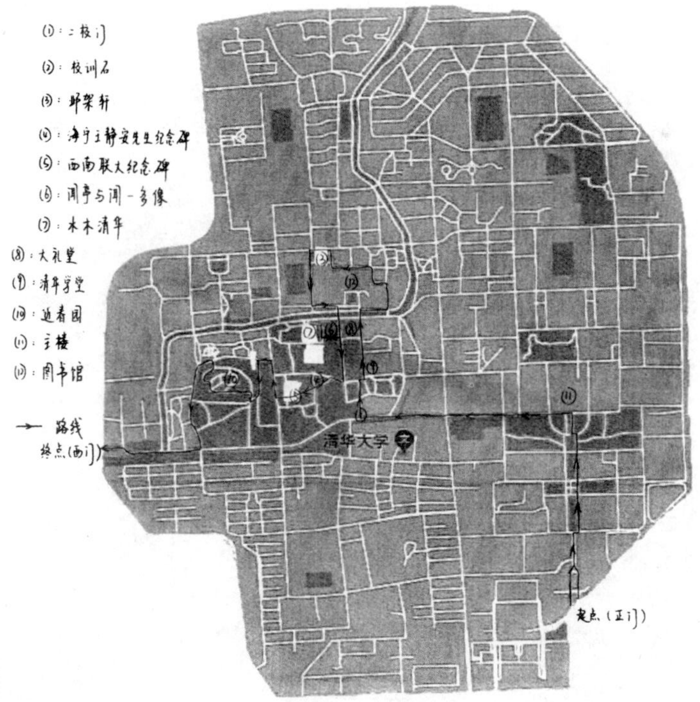

初 1614 班　黄祥平

【点评指导】

黄祥平同学设计的路线非常合理：从清华大学的东南门进，西门出——这两个门一个是清华大学的正门，一个是具有清华大学标志的大门，是参观清华大学必走的路线；且两门之间的参观路线既包括了清华大学主要的参观景点，又不用走重复的路线。这样，参观的同学可以在游览过程中，有凝神追怀之处，亦有闲适休憩之时，必能对清华留下深刻美好的印象。